AFTER
DIGITAL2
LIBERTY
AND UX
INTELLI-
GENCE

アフターデジタル2
UXと自由
藤井 保文

beBit, inc.
www.bebit.co.jp

WE
DESIGN
USER
EXPERIENCE
FOR THE
NEXT
SOCIETY

Ni 日経 FinTech
日経BP

アフターデジタル社会を作る、UXとDXの旗手へ

　尾原和啓さんと、私、株式会社ビービットの藤井保文の共著で出版した『アフターデジタル　オフラインのない時代に生き残る』（日経BP、2019年3月25日発行）が、ありがたくも予想を超える反響があったことで、様々な機会をいただきました。読んでくださった方々をはじめ、関わってくださった方々には、心から感謝します。ありがとうございます。

急がれるアップデート

　前著をきっかけとした様々な機会で多様な議論が生まれ、また、さらに進んでいく社会の状況から、1年足らずのうちに前著で伝えたテーマに関する情報が膨大にたまり、インプットとしての深まりもあったことで、改めて再整理して伝えようと考え、本書『アフターデジタル2　UXと自由』という形で2冊目を発行することになりました。

　「1」に当たる『アフターデジタル』をたとえ読んでいなくても、第1章にエッセンスをまとめていますので、本書だけでも理解できます。また、本書にて『アフターデジタル』を参照しているところがあるので、「1」がお手元にあればさらに理解が深まるのは間違いありません。

「アフターコロナ」と「アフターデジタル」の共通符合

　2020年、世界中が新型コロナウイルスの影響を受け、恐怖にさい

なまれました。人によっては「アフターコロナ」という言葉を使い、リモートワークや遠隔診療・教育、デリバリーフードなど、人との接触をなるべく避ける形式でのビジネスの重要性を説いています。その際、「アフターデジタル」との共通符合を語り、前著で紹介した社会の到来が早まったのではないか、と指摘する人もいます。企業経営は、人を集めないことを前提にした業務、サービス、販売、開発などへの変化対応を迫られています。それはつまり、「DX」（デジタルトランスフォーメーション：Digital Transformation）への取り組みの重要性がさらに増していることを示します。

そんな状況を想像すればするほど、「アフターデジタル2をなるべく早く書かないといけない」という思いが強くなりました。それは、**「アフターデジタルの誤った解釈から、世の中がディストピア側に進み、社会発展が止まるのではないか」**という危惧が心の中にあったからです。

アフターデジタルに共感し、OMO（Online Merges with Offline＝オンラインとオフラインを区別せず、融合したものと捉える思考法）を実践されている方であっても、その取り組み内容を聞くと、「それは違うのではないか」「もっとこうすればいいのに」と思うことがあります。勘違いや、陥りがちな思考の罠がたくさん見えてきました。特に、データやプライバシーに関する考えには危ういものも多くあります。「中国とまったく同じ世界が来るわけではない」といっても、「既に世にあるもの」は理解しやすく、そのまねをしてしまう傾向が見られました。

「新たな顧客体験（＝UX：ユーザーエクスペリエンス：User

Experience) を作り、顧客とアフターデジタル型の関係性を築くことがあるべきDXである」。別な言い方をすると、「UXを議論しないDX、顧客視点で提供価値を捉え直さないDXは、本末転倒である」ということをきちんと伝えたく、本書を書き始めました。

アフターデジタルで必要な「精神」と「ケイパビリティ」

　本書では、アフターデジタルという世の変化に対して、私たちが持つべき「精神」と「ケイパビリティ」(能力と方法論) を提示しています。

　「精神」とは「物事の基本的な理念」とか、「そうした理念に基づいて何かを成し遂げようとする心の働き」という意味で本書では使っています。アフターデジタルでは精神が重要です。

　それは、ディストピアへの恐怖があるからです。

　あらゆることがオンライン化され、すべてがデータとして得られる世の中になると、管理される社会が想起されます。実際、中国では個人の顔認証データをはじめ、様々なデータを国が保管しています。こうした社会は犯罪率の低下や、新型コロナウイルスのような有事への対応など、良い効果はあるものの、管理社会的な様相があることは否めません。

　デジタルが浸透したアフターデジタル社会において、「UX」と「テクノロジー」を掛け合わせた力は非常に強くなります。悪用しようとすれば、人の行動を支配することも、人々の格差を助長させることも可能です。だからこそ、「精神」が必要だと考えています。

中国では民間企業も大量のデータを保有していますが、そうした企業は社会的責任としてのハイレベルな精神を持っています。以下に示すのは、ある中国企業の幹部と話していたときのことです。

「日本では、使いもしない情報をユーザーに入力させ、そのデータをアップセル・クロスセルにしか使わない企業もまだまだ多いんだ」

「**それは、ユーザーに不義理だよね**。ユーザーは君たちにデータを提供してくれているのに、君たちはそれを自社の利益のためにしか使っていないということでしょう？　それでは、**企業とユーザーの取引関係が成り立っていない。ユーザーから信任されず、愛想をつかされてしまうよ**。重要なのは、いかにユーザーに価値を提供し、ユーザーに愛され、使い続けてもらえるかだよ」

　正直、爆買いの中国人の印象があった頃だったので、まさかこんなふうに中国の方にいさめられるとは思いませんでした。

　実はこれに近い話を、アリババでも聞いたことがあります。

「アリババは中国で一番データを持っている企業だと思うけど、そのことを市民からどう思われていると思う？」

と質問したときのことです。

「それは非常に重要な問題だと認識していて、だからこそ得られたデータをいかに社会に還元するかを大事にしている。ユーザーに価値で還元するのは当たり前として、多くのユーザーがデータを預けてくれる

ことには社会的責任が伴う。社会に還元して初めて、ユーザーが信じてデータを預けてくれる」

　少なくとも私には、レピュテーションリスクばかりを気にしている日本と、いかに価値で還元してユーザーから信任を得るのかを考えている彼らでは、精神に大きな違いがあるように思います。

　もう1つの「ケイパビリティ」は、本書では「能力」とか「方法論」という意味で使っています。なぜケイパビリティかと言えば、**データとUXの基本リテラシーが危うい**からです。

　前著にて「あらゆる行動をデータ化し、その利活用がビジネスの鍵になる」と書いたことが影響したのか、**データを持っていること自体を財産と勘違いし、データを共有したり、売買したりしようとする**考えが生まれ、データの扱い方として「**販売のマッチング最適化**」や「**プロモーション効率化**」ばかりを志向する傾向にあることが分かりました。

　第3章で説明しますが、データを持っていてもそのままではまったくお金にならないことを理解する必要があります。データをそのままお金に換えるという考え方ではなく、どのようにUXに還元し、ユーザーに価値を提供するか、という考え方でないと、日本はテクノロジーの恩恵を受けられず、国際的な競争力を失ってしまいます。

　このためには、**データやテクノロジーを正しく理解し、正しくビジネスに活用することでサステイナブルなビジネスと顧客関係を両立させる「能力」と「方法論」が必要**になります。顧客との信頼関係を築け

ない企業は滅び、アフターデジタル社会を生き抜くことはできなくなるわけです。

本書の構成

ポジティブに捉えると、**テクノロジーとUXを備える人は、社会を変える力と責任がある**ということになります。私が本書を通して伝えたいのはこちらであり、そういったUX志向DXを行う方々の持つ力を、ビジネスにも社会にも最大限発揮してもらう応援歌として、本書を構成しています。

第1章は「**アフターデジタルを凝縮し、最新状況にアップデートする**」章です。

まずはアフターデジタルというコンセプトをサマリーとして説明した上で、それを踏まえて、スーパーアプリの進展、インドのデジタル政府、米国のD2Cなど、様々な観点で世界の状況をオーバービューします。アフターデジタルの説明を凝縮し、表現も精選し新しくしているので、前著を読んでくださった方にとっても気付きがあるはずです。

第2章は「**新しい産業構造での生き残り方、勝ち方を事例から学ぶ**」章です。

メーカーが君臨する「製品販売型」の産業構造から変化し、行動データを持って顧客の状況を理解できているプレイヤーが強い「体験提供型」の産業構造になります。これが「アフターデジタル型産業構造」です。この状態が既に起きている中国の事例を紹介し、彼らの取り

組みから学びを得ます。今の日本に起きている「ペイメント競争」や「メーカーのサービサー化」の行く末を占いながら、皆さんのビジネスに直接使えるような驚きやインプットを提供します。

　第3章は「**自らの視点を補正する**」章です。

　日本で持ちがちなアフターデジタルの誤解・妄想、アフターデジタルを理解した後に見がちな幻想を説いていきます。第2章で取り上げた事例を基に具体性を持って解説しますので、特に企業でDXに取り組んでいる方にとっては、チームで認識をそろえるために役立つことでしょう。

　第4章は「**アフターデジタル社会の在り方を考える**」章です。

　ここでは、先に紹介した「精神」と「ケイパビリティ」を解説しています。社会レベルで必要な考え方や、ビジネスレベルで必要な技術を体系化していきます。足元で実行している内容から少し目線を上げて、私たちが目指すべきアフターデジタルとはどのような社会なのかという提起から、そこにおける社会アーキテクチャーとしてのあるべき論、それを担う企業、チーム、自分自身と落とし込んでいき、どのようなスタンスを取り、どのような人材であるべきか（または集めるべきか）、考え方を整理します。

　第5章は「**日本企業の取り組みから学ぶ**」章です。

　「日本的アフターデジタル」の構想を念頭に置きながら、既に取り組まれているOMO事例や動きを示すことで、「日本の環境でも本当に

できる」という自信を持ち、より実践的な知見として要素を抽出します。第4章で出てきたケイパビリティが、事例とともにより具体的に落とし込まれることで、自らに必要な活動が見えてくることを願って書いています。

　アフターデジタルシリーズ（前著と本書）は、DXの立脚点に異を唱え、「オンラインとオフラインが融合する世界のロジック」に視点を転換することを主目的としています。これは、デジタルとリアル、オンラインとオフラインを二項対立で捉える志向からの脱却を意味しています。

　国家、社会、企業、コミュニティー、個人などのすべてのレイヤーで、まだまだたくさんの誤解や、立脚点の誤りが潜んでいるように思います。本書が、DXやOMOを推進する方々、および、それらに近しい課題を解決しようとする人々の共通言語になり、今の状況を打破する動きが加速することを切に願います。

2020年7月
株式会社ビービット　藤井保文

第3章　誤解だらけのアフターデジタル

第5章　日本企業への処方箋
あるべきOMOとUXインテリジェンス

あとがき
待ったなしの変革に向けて.....................234

第1章

世界中で進む
アフターデジタル化

AFTER DIGITAL 2
Liberty & UX Intelligence
YASUFUMI FUJII

1-1 アフターデジタル概論

　「アフターデジタル」とは、どのような転換であり、何を引き起こすのでしょうか。前著『アフターデジタル　オフラインのない時代に生き残る』（以下『アフターデジタル』とする）を読んでくださった方にとっても意味があるように短くまとめていますので、短時間で誰かに説明する際の参考にしていただければと思います。登場するキーワードは「行動データ」「状況ターゲティング」「バリュージャーニー」「アフターデジタル型産業構造」です。本書でも頻出するこれらの言葉に注目しながら読み進めると理解が深まります。

オフラインのない状態が来る

　中国や米国、一部の北欧や東南アジアの国々で見られる現象として、日常の支払い、飲食、移動など、もともとオフラインだった行動のすべてがモバイル（つまり、オンライン）で完了できるようになっています。

　例えば中国では、都市部の現金使用率は５％以下まで低下し、「アリペイ」「WeChatペイ」というモバイルペイメント（決済）の利用が浸透しています。自動販売機にはそもそもお金を入れることができず、レストランでは注文から支払いまでをスマートフォンで完結します。テーブルの隅に貼ってあるQRコードをスマートフォンのカメラで読み取ると、メニューが表示され、注文も支払いもユーザーが持っているスマートフォンで行えるのです。基本的に「WeChat」（中国に

おけるLINEのようなコミュニケーションを軸としたアプリ）にログインしているので、食い逃げされる心配もありません。

　デリバリーフードの普及もすさまじいです。上海に在住している私の場合、半分以上の食事はデリバリーで済ませていますし、私の知人でデリバリーフードアプリをインストールしていない人／使っていない人はいないと思います。街中のほとんどのレストランで食事をデリバリーできるほど、デリバリーフードアプリは「食のインフラ」として広まっています。

　都市部での移動はシェアリング自転車が便利で、これもスマートフォンで完結します。シェアリング用の自転車があちこちにあり、自転車に付いているQRコードを専用アプリで読み取るとロックが解錠され、30分15円程度で利用できます。何よりも便利なのは、自転車を所定の場所に返却する必要はなく、適当なところに乗り捨ててよいことです。私も家から会社の近くまでシェアリング自転車に乗って出勤していました。

　少し距離のある移動にはタクシー配車アプリが便利です。日本でも使われるようになってきたのでイメージできると思います。ただ、タクシー料金は日本と比べてかなり安いので、日本の感覚よりも手軽に使われている印象です。私は「ディディ（DiDi）」という配車アプリを頻繁に使って移動していました。中国のタクシーは顧客満足度が大幅に改善されています。それは、ドライバーが給料を上げようと頑張れば頑張るほど、タクシーユーザーの体験がどんどん改善されていく仕組みがうまく回っているからです（前著『アフターデジタル』にて詳述）。

このような事例がそのまま日本で展開されるかどうかと考えれば、労働力や労働コスト、文化や規制などが違うので、「そこまでデリバリーは普及しない」「乗り捨ての自転車なんて無理」といった意見が出てくると思います。それを否定はしませんが、ここで読み取るべきことは「日本でも同じサービスが普及するかどうか」というより、**オンラインがオフラインに浸透し、もともとオフライン行動だった生活が次々とオンラインデータ化し、かつ、個人のIDにひも付けられ、膨大かつ高頻度に生まれる行動データが利活用可能になるということです。そう捉えると、今の日本もだんだんとそうなっていることが実感**できるのではないでしょうか。個別の事例を見ると日本では普及しないように感じるかもしれませんが、少し引いた視点で見ると、日本でもこれから同様の社会になっていくと思います。

　鍵は「行動データ」です。行動データによって顧客理解の解像度が上がり、付加価値を高めることができるようになるのです。前著で示したアリババのジーマクレジット（芝麻信用）は、行動データの活用によって新たなサービスや価値を提供した好例です。アフターデジタル社会とは、「行動データを利活用できないプレイヤーは負けていく時代」なのです。

アフターデジタルという考え方

　「アフターデジタル」という言葉には、「日本のDX（デジタルトランスフォーメーション）は、その立脚点がそもそも間違っているのではないか」という問題提起を含んでいます。

　オンラインがオフラインに浸透すると、「純粋なオフライン」とい

う状況がどんどん少なくなります。ウェブサイト、アプリ、SNS(ソーシャルネットワーキングサービス) などの純粋なオンライン接点、および、モバイルやIoT (インターネットオブシングズ) を活用したリアル融合型のオンライン接点が多くなり、オンラインとつながらない純粋なオフラインの顧客接点が少なくなります。

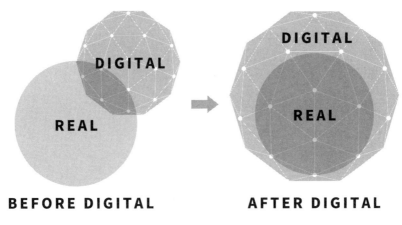

BEFORE DIGITAL　　**AFTER DIGITAL**

図表1-1　アフターデジタル

　すると**図表1-1**に示したように、「REAL」（リアル、つまりオフライン）と描いた部分は「DIGITAL」（デジタル、つまりオンライン）と描いた部分に比べてどんどん存在感が小さくなっていきます。ですが、日本のDXは、「リアルを中心に据えて、デジタルを付加価値と捉える」という「ビフォアデジタル」的な考え方に根差している例がほとんどです。「店舗でいつも会えるお客様が、たまにアプリを使ってくれる」といったイメージです。このリアルとデジタルの接点の主従関係を逆転させて考える必要があるというのが、「アフターデジタル」というコンセプトになります。

だからといって、「リアルが重要でなくなる」というわけではありません。デジタルの中であってもリアルはしっかりと残ります。なぜリアルが残るかと言えば、デジタルが得意なこととリアルが得意なことが異なるからです。感動的な体験や信頼を獲得するといったことは、デジタルよりもリアルのほうが得意です。**リアル接点は「今までよりも重要な役割を持つが、今までよりも頻度としてレアになる」**と捉えるのが正しいと考えます。

　「オンラインリアル」と考えることも重要です。ウェブサイトやアプリでどのような行動をしていて何に興味があるのかが分かった上でリアルの接客をすれば、当然、接客品質は高まります。このように、リアル接点もデジタルによって強化されるべきものとして認識する必要があります。

属性データから行動データの時代へ

　アフターデジタルという社会変化はビジネスに大きな影響をもたらしますが、その最も大きな影響は「属性データの時代から行動データの時代になること」であると捉えています。

　時代変化の捉え方として、「今までは属性データ程度しか扱えなかった」とするのがおそらく正しく、従来の属性データ活用においては、属性A、B、Cに対して商品A、B、Cを最適配分するという、「属性によるターゲティングの効率化」が行われていました。

　しかし、行動データが取れると、「**最適なタイミングに、最適なコンテンツを、最適なコミュニケーション方法で提供できる**」ようにな

ります。ここで言う「コンテンツ」とは、商品だけではなく、イベントでも、ウェブ記事でも、温かい言葉でも何でも構いません。ユーザーから見ると、欲しいときに欲しいものが、自分に合った方法で提供されるわけですし、企業から見ると、そうした価値提供が可能であるということになります。

　属性としては1人であっても、父親・母親として、ビジネスパーソンとして、スポーツマンとしてなど、状況によってその人の人格や興味関心が異なることは、ご賛同いただけると思います。属性データの時代は「人」単位で大雑把に捉えていましたが、**行動データの時代では、人を「状況」単位で捉えることができる**ようになり、人間の自己認識や社会における人の在り方にこれまで以上に近づくことができるわけです。

　これはビジネスにおける大きな転換点になっています。これまで市場を検討する際、「対象顧客は若い女性で年収が600万〜1,000万円あってデザイン感度の高い人」といった属性ターゲティングを実施し、「その市場規模は1兆円」などと概算してきました。しかし、行動データに基づくと、これでは大雑把過ぎます。

　例えば、「美容を通じて自身を表現したいが、十分なお金がかけられない状況」というように「状況による市場定義」を行う必要があり、その状況がどの程度の頻度・ボリュームで発生し、各状況にどの程度のお金を使うかによって市場を規定するようになります。クレイトン・クリステンセン氏のジョブ理論と通ずるもので、モバイル、IoT、センシングなどの技術革新によって、こうした理論が適用しやすくなり、親和性が高くなったと考えるのが正しいでしょう。これを本書で

は、属性ターゲティングに対する新たな概念として、「状況ターゲティング」と呼んでいます。

商品販売型から体験提供型へ、企業競争の原理が変わる

　行動データの活用において重要なことは「接点頻度」です。例えば、自動車は数年に1度しか買い替えず、顧客との接点もそこでしか得られないとすると、「最適なタイミング」は分かりようもありません。一方で、高頻度な接点を持ちやすい飲食やコンビニエンスストアはどうでしょうか。対象となるユーザーが毎日パンとコーヒーを買っているだけだとすると、極端に言えば「最適なコンテンツ」はパンとコーヒーしか分からないことになります。

　最適なタイミング、コンテンツ、コミュニケーションを捉えて価値提供するには、ユーザーの置かれた状況（ペインポイントや成したい自己実現）を把握してそれに対する解決策や便益を提供し、ユーザーと定常的な接点をなるべく高頻度に持つ必要があります。これは**商品販売型のビジネスでは実現が難しく、「体験提供型ビジネス」に優位性が移行していく**ことを示しています。

　こう書けば、モノ消費からコト消費へ、または、非日常的でアトラクション的な体験を想起されるかもしれませんが、ここで言う「体験提供型ビジネス」は、それらと異なるものを指しています。日常的にユーザーに価値を提供でき、高頻度かつ定常的にユーザーの状況を把握できる形式のビジネスで、サブスクリプションサービスは代表例になります。ただし、携帯利用料や保険料のように定期的に支払うだけの従来型サブスクリプションは、顧客の状況理解と定常的な価値提供

にはつながっていないケースが多く、体験提供型ビジネスとは言えません。

オンラインとオフラインを融合させて考える「OMO」

アフターデジタルとは社会の状況や時代の変化を示している言葉で、こうしたアフターデジタル社会において成功企業が共通で持っている思考法を「OMO」（Online Merges with Offline）と言います。この言葉は2017年9月頃に、元Google ChinaのCEO、Sinovation Venturesを創業した会長兼CEOの李開復（リー・カイフー）氏が提唱した言葉です。前著『アフターデジタル』で取り上げたこともあり、日本でもかなり広まりました。

OMOとは、「オンラインとオフラインを分けるのではなく、一体のジャーニーとして捉え、これをオンラインの競争原理から考える」という概念です。ジャーニーとは人の行動・思考・感情などを見える化したものを指します。オフラインがなくなると、オンラインとオフラインを分けることに意味はなくなります。ユーザーは「今はオンライン」「今はオフライン」という区別を意識せず、そのとき一番便利な方法を選んでいるだけです。

もはやオフラインがなくなり始めるような環境の中、オンラインとオフラインを分けること自体が意味を成さなくなっており、かつ一般市民は「今はオンライン」「今はオフライン」という区別を意識せず、そのとき一番便利な方法を選んでいるだけです。にもかかわらず、多くの企業はオンライン/デジタルの部署は従来ビジネスとは別になっており、オフライン系の部署と同じ絵を追っていなかったり、連携し

たKPI（目標を達成するための指標）を設計していなかったりします。これは、**ユーザーから見た絵や社会における現状と食い違ったビジネ****ス構造になっていることを示している**と言えます。オンラインとオフラインを分けることなく、一体の「ユーザージャーニー」として捉えることの重要性はより高まっているわけです。

　さらに、オンラインとオフラインを融合して捉えるとしても、多くの日本企業はやはり「オフラインにどうやってオンラインをくっつけるか」というビフォアデジタル的発想になってしまいがちです。リアルもオンラインになる時代では、店舗などの接点でもデータが得られます。そこでは、A/Bテストや高速PDCAというデジタルマーケティングの手法を活用して最適解を求めていくことが可能なため、「オンラインの競争原理で考える」ことが必須なのです。

重要なのは「エクスペリエンス × 行動データ」のループ

　「アプリをダウンロードしたけど1回使ってすぐにやめた」といった経験は誰もが一度はしていると思います。UX（ユーザーエクスペリエンス）品質が低く、顧客の置かれている状況に即していなければユーザーに継続利用してもらえません。

　また、個別接点のデータがいくら集まっても大した意味はなく、データがシーケンス型に整理されていることが大事です。「一人ひとりのユーザーの行動履歴」という形で時系列にデータが並んでいないと、顧客の置かれた状況を抽出できず、顧客理解に利用できないため、活用価値が極めて低くなってしまいます。

「便利か、楽か、使いやすいか、楽しいか」といったUX品質が他のサービスよりも良いかどうかが最重要となり、これが担保されて初めて、有用な行動データがリアルとかデジタルとかに関係なくシーケンス型にたまっていきます。このようにたまったデータをUXに還元し、さらにUXを良くすることでより粘着度^(注)の高いサービスに改善され、進化し、さらに行動データがたまっていく、といったループを作ることが「体験型ビジネス」の成功の最重要ポイントになります。

注：本書では、「サービスから離れられない度合い」を指します。

バリューチェーンからバリュージャーニーへ

　体験提供型ビジネスをOMOの思考法で運営し、エクスペリエンス×行動データのループを回す新たなビジネスモデルを、「バリュージャーニー」と呼んでいます。

　これまでは、「製品を販売する」というゴールに向かって、モノを企画し、生産し、ファネル型^(注)で売っていく従来型のバリューチェーンでした。機能が豊富で、性能が良く、価格が安く、すぐ手に入る、といった要素が競争力になり、これにブランディングによる付加価値を乗せて販売するというモデルです。

注：商品を販売する際、「認知→関心→比較検討→購入・申し込み」という段階を経る従来型タイプを示すマーケティング用語。その過程で人数が絞り込まれていく様子が逆三角形の漏斗（ファネル）のような形になることから名付けられた。

　これからは「製品はあくまで顧客との接点の一つ」と考え、他の接点である、アプリ、店舗、イベント、コールセンターなどと等しく扱われるようになります。ビジネスモデルは、**すべての接点が1つのコンセプトでまとめ上げられ、その世界観を体現したジャーニーに顧客**

が乗り続け、企業は顧客に寄り添い続ける、そうした新しいバリュージャーニー型に変化します。このモデルでは、製品販売がゴールではなく、「顧客が成功すること」（＝自己実現を果たしたり、今より良い生活を送れたりすること）がゴールになります（**図表1-2**）。

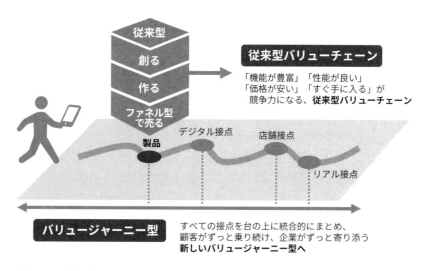

図表1-2　従来型バリューチェーンとバリュージャーニー型

　2019年に日本でブームとなったサブスクリプションモデルも、バリュージャーニーと同じ流れです。最近のサブスクリプションモデルは、単なる定期課金型ではなく、「顧客が定常的に利用することで、デジタルによって顧客の状態が可視化され、顧客に喜んでもらいながら使い続けてもらう」というモデルを指しています。

　音楽や映像のサービスが分かりやすいです。かつては、レコードやCD、音楽ファイルなどを曲やアルバムごとに購入していましたが、

今やApple MusicやSpotifyのように月額料金で聴き放題に変化しました。曲のタイトルやアーティスト名を知らずに聴くことも多く、また、「パーティ」や「リラックス」など雰囲気に合わせたリストを選べたり、自分で作った音楽プレイリストを交換したり、いい選曲をする人をフォローしたりして、音楽を聴いています。もともと商品であった「楽曲・アルバム」は接点の一つになり、様々な接点・価値を統合したジャーニー全体を売っていると言えます。映像でもNetflixやHuluなどで同様の変化が起きています。これらの潮流も、バリュージャーニー型ビジネスへの変化の一部と捉えています。

アフターデジタル型産業構造

　アフターデジタルのビジネスモデルであるバリュージャーニーは、産業構造を大きく転換します。これまではメーカー主導の産業構造だったと言えますが、行動データに基づくバリュージャーニーの時代では、「顧客を状況レベルで理解しているほうが強い」構造になります。この構造変化は既に中国では起こっています（**図表1-3**）。

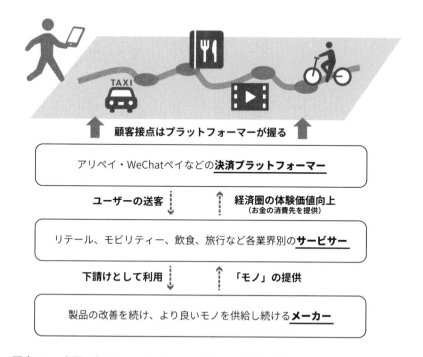

図表1-3　中国で起きているアフターデジタル型産業構造

　トップに君臨する「決済プラットフォーマー」は、ペイメントを押さえることでユーザーの好みや支払い能力に関する価値の高いデータを取得し、さらに、包括的にデータを取得できるため、最も顧客理解の解像度が高くなります。

　2番目のレイヤーとなる「サービサー」は、移動、飲食、旅行、動画、音楽など、業界ごとの覇権を握るプレイヤーが位置します。圧倒的なUXによって圧倒的なユーザー数と粘着度を持ち、その業界における詳細な行動データを抱えています。

　一番下に位置する「メーカー」は、上の2つのレイヤーのデータが
なければ正しくモノを売ることができません。サービサーにユーザー
の関心や接点が集まっているため、サービサーのための部品（カー
シェアサービスのための車やドライブレコーダー、デリバリーのため
のバイクや自転車など）を作る下請けになる可能性さえあります。

　今や日本でも、メーカーがサービサーになると宣言したり、メーカー
がサービサーと提携したりという動きがあります。これらは上記のよ
うなヒエラルキーの変化を捉えた動きです。前著を読んだメーカーの
方が私のところに相談にいらっしゃることがあります。その際、「ア
フターデジタルの構造変化において自社がどう対応すべきか」という
相談が非常に多く、モノ作りに強みのある日本企業が最も恐れている
構造転換であると言えるでしょう。

1-2 アジアに学ぶスーパーアプリ

　前著『アフターデジタル』を書き上げたのは2019年1月です。そ
れからの約1年間で状況は急速に変化しました。日本ではペイメント
やMaaS（Mobility as a Service）を中心に様々な変化が見られ、世界で
はさらに様々な変化、進化が起きています。

「ペイメント、MaaS、コミュニケーション」の3つに大別

　ソフトバンクワールド2019の基調講演で孫正義氏は、ペイメント

機能に始まり、移動、飲食、金融など生活インフラ機能を全方位的に捉えたアプリを「スーパーアプリ」と表現し、その分野のグローバルプレイヤーを紹介しました。本書を執筆している2020年の現在、日本ではヤフーとLINEの統合をはじめ、ペイメント競争から「スーパーアプリ」競争に変化しつつありますが、アジアでは既に多くの「スーパーアプリ」が生まれています。

　スーパーアプリになり得るサービスは、毎日利用される「ペイメント、MaaS、コミュニケーション」の3つに大別されます。特にアジア圏では、ペイメントとMaaSが強いです。ペイメントでは、インドのPaytm（ペイティーエム）、フィリピンのCoins.ph（コインズ）、MaaSでは東南アジア全域に広がるGrab（グラブ）、インドネシアのGO-JEKなどが挙げられます。MaaSやコミュニケーションから始まっても、最終的にはペイメント機能を持つことで生活全方位に機能を拡大し、アフターデジタル型産業構造で頂点に君臨する「決済プラットフォーマー」になることを目指しています。

　現状のスーパーアプリのマネタイズは、金融が主体です。ペイメントのデータをはじめとする大量かつ高頻度のトランザクションデータが得られ、さらに高い粘着度を持った行動データがあるため、与信管理の効率が上がります。つまり、「この人にはいくらまでなら貸せる。この人にはここまで貸してしまってはいけない」という計算の精度が高まるというわけです。

移動から金融、金融から生活すべてをつなげるGrab

　スーパーアプリの例としてGrabを紹介しましょう。Grabは、タク

シー配車兼ライドシェアから始まりました。その後、食事を持って来てくれるデリバリーフードや、日本のバイク便のようなサービスへと広がりました。**タクシーにとどまらず、「人やモノが移動する」ことに関わることはすべて担う**というのがGrabのコア価値になります。今ではさらにサービスが広がり、タクシー配車やデリバリーフードで使える「GrabPay」というモバイルペイメントを提供しています。

　移動サービスにペイメント機能を搭載しただけに見えるかもしれませんが、ドライバーにとっては人生を支える重要なインフラになっています。東南アジアのタクシードライバーには、「アンバンクト（unbanked）」といわれる銀行口座を持っていない人や、社会的信用度が低くローンを組むことができない人が大勢います。そのため、ドライバーによっては少しでも日銭を稼ごうとぼったくりをすることがあり、ユーザーは安心してタクシーに乗ることができない状況でした。

　そうした状況をGrabが変えました。Grabは、ドライバーにとって、安心して稼ぐことができるインフラなのです。**Grabにはドライバーの行動が蓄積されるため、稼ぎがどの程度になるかを予測してくれます**し、「車内広告を掲載する」といったオプションによって、稼ぎを増やすこともできます。さらに、こうした機能によって「このドライバーはどの程度の収入を確保できるか」が分かるため、その情報を基にGrabはドライバーに融資し、その融資で利益を出しているのです。

　東南アジアではモバイル通信のインフラが十分に展開されている一方で、金融サービスは広がっていません。そうした状況を踏まえ、Grabは移動サービスを起点に、金融業にまで発展させたのです。このあたりのことは、尾原和啓氏の新著『アルゴリズム フェアネス』

（KADOKAWA、2020年1月発行）に詳述されています。

　Grabにはデリバリーフードや食事のピックアップサービスがあり、その仕組みは既にレストランなどの店舗に導入されています。ドライバー向けの金融サービスは、レストランなどの個人事業主や中小企業にも展開可能になっています。

スーパーアプリのマネタイズモデル

　スーパーアプリで重要なことは、「いかにして、日常の様々なことに使ってもらうか」です。ペイメントやMaaSでスタートしても、デリバリーフード、荷物の配達、水道光熱費の支払い、エンターテインメントなど、周辺領域にどんどんと展開することで利便性を上げていき、結果それらのペイメントを押さえることで、「**あらゆる支払い状況が可視化できる状態**」を作っていきます。こうした周辺領域への拡大には多額な投資が必要です。さらに、ユーザーを獲得したり引き止めたりするために、広くプロモーションを継続する必要があるため、通常は大きく赤字を生み出します。

　成功しているスーパーアプリは基本的に、銀行口座を持たない「アンバンクト」に対する金融サービスを収益化のコアにしています。Grabの例で説明すると、収益化を目指す順番としては、タクシー配車サービスよりも先にドライバー向けの金融機能です。個人事業主であるドライバーがより良く生活できるように機能を整え、その上で、他のサービス展開していく構造になっています。

　もちろん、金融機能以外のマネタイズができないわけではありませ

ん。毎日高頻度に利用する膨大なユーザーとの接点を持っているわけですから、広告をはじめとした「toB」向けのサービス展開は可能です。少数ですが、そうした収益化に成功している企業はあります。アリペイを持つアリババ（アントフィナンシャル）と、WeChatペイを持つテンセントです。この2社は複合的なモデルでマネタイズしています。Grabをはじめとする他のスーパーアプリプレイヤーは、見込みはあるもののまだまだ金融以外で収益化ができている状態ではありません。

スーパーアプリをどのような順序で大きくすべきなのかは、国ごとに異なりますので、各国の社会背景と合わせて学ばないと、単純にまねをしたら「稼ぐ道筋がなかった」という状態になりかねません。その点は、強く心にとどめる必要があると言えるでしょう。

▌1-3 量から質に転換した2019年の中国

前述のアジアにおけるスーパーアプリはGrabを例に説明しましたが、収益モデルのところで説明したように、先行しているのは中国のアリペイやWeChatペイです。アジアのスーパーアプリはこれら中国のサービスを模倣しているのです。前著でも紹介したように、中国では2015年から2018年にかけてスーパーアプリが急激に進化しました。

では、2019年の中国はどのような変化が起きたのでしょうか。新興国に起こりがちな大きな社会アップデートは見られなかったため、「2019年の中国は大きな変化がなかった」と指摘されることがありま

すが、私の理解では、ペイメントやシェアリング自転車のような日本からすると"びっくりサービス"の普及がなかっただけで、むしろ日本が参考にしたい事例が増えているように思います。

　これまでの中国は、テクノロジーの力で「負や不から解放」して利便性を獲得し、リープフロッグ^(注)を起こしてきました。ペイメント、タクシー配車、フードデリバリーなどです。そうした便利なサービスはマスマーケットが対象になりますので、2018年までの中国は新たなインフラが次々と整備される感覚で、日本では経験できないようなスピード感で進められました。ただ、インフラサービスであるため、「10億人から100円もらう」「とにかく人を集めてマネタイズする」といった構造で、日本にそのまま導入できないサービスもありました。

注：新興国が新しい技術を導入した社会を作る際、インフラや技術が未整備で既得権益の妨害がないことによって、先進国がたどった発展段階をすべて飛び越し、一気に最先端の技術を社会実装してしまうこと。例えば、PCやガラケーを飛び越してスマートフォンが普及するケースや、通信が未整備な中で5Gが一気にインフラになるケースなどが挙げられる。

世界最高水準の便利な生活

　ここで、中国都市部での生活の実情を紹介しましょう。日常的なサービスを使った生活イメージになります（**図表1-4**）。

7:30	起床とともにデリバリーアプリのウーラマで朝食を注文
	シャオミの時計型バンドで、就寝時間と眠りの深さをチェック
8:40	出勤とともにWeChatのミニプログラムから、会社の近くにある個人経営のコーヒーショップに注文
	家を出てすぐの場所に止まっているMobikeを見つけ、専用アプリでアンロックして出発
	会社付近に到着し、注文したコーヒーを待ち時間なしでピックアップ

9:00～11:30	仕事の連絡のほとんどは WeChat 上で済ませる
	日本との打ち合わせを Zoom や WeChat で実施
11:30	ランチのサラダをウーラマで注文
	同僚とのランチの際、夜に火鍋屋に行くことが決まる。大衆点評（レストラン検索アプリ）で店を調べ、アプリ上で予約
14:00	午後のコーヒーをウーラマで注文
	打ち合わせが入っているので、オフィス1階にあるウーラマ専用の棚に置いておいてもらう
15:00	17:00 からの社外での打ち合わせのために、タクシーアプリのディディで 16:30 に予約
16:30	ディディアプリからメッセージが届き、到着したことを確認して1階に下りる
18:30	打ち合わせ後、またディディでそのまま火鍋屋へ
	到着して席に着き、机にある QR コードから注文
20:00	火鍋終了。まとめて支払い、他の同僚から 100 元ずつアリペイで送ってもらう
	洗濯洗剤が切れていることを思い出し、自宅に帰る途中に、アリババのスーパー「フーマー」のアプリで注文
	受取時間を 20:45 に設定
20:45	自宅に帰るとすぐにフーマーから洗濯洗剤と、ついでに頼んだ晩酌用のお酒が届く
	洗濯を始め、晩酌開始
22:00	週末のイベントのお誘いが来たので、WeChat でシェアしてもらい、WeChat 上でチケットを予約
0:00	就寝

図表1-4　中国都市部での生活イメージ

　デジタルによる利便性という意味では、中国は日本より進んでいます。「利便性というマスの余白」は既に取りつくされてしまっており、多くの日本人が求めるような「バズりやすいキャッチーな事例」が出てこなくなってしまったというのがおそらく真実です。

　2019年の中国では、「生活における意味合いを提起するような

サービス」が新たに生まれており、これは日本のあるべきアフターデジタルに近いものです。特に日本のメーカーが標榜する「サービサー化」において、参考になるような事例が次々と生まれています。

利便性と品質が同居し始める

　中国での2019年の変化をイメージしていただくために、箇条書きで「新たな動き」をまとめてみます。

- 前著にて「スターバックス派の私は、ラッキンコーヒーの便利さを知り、スターバックス1日2杯派から、ラッキンコーヒー1日3杯派に変化した」と書きましたが、現在の私は、スターバックス1日3杯派に戻っています。この事例では、「ブランド価値」がデジタルを駆使することでいかに次のステージに変化するかが体現されています。
- リアル接点とデジタル接点の双方の強みを使った上で、高いロイヤルティーや高い再購買率を生み出すようなOMO型ビジネスが数多く生まれ始めています。特に、「ブランド力」「新たな生活スタイルの提案」といった、従来中国が苦手としていたような領域においても、目を見張る事例が生まれ始めました。
- 日本においてスーパーアプリを標榜するプレイヤーが、軒並み中国における「ミニプログラム」と機能的に類似する「ミニアプリ」を作り始めていますが、2017年1月からミニプログラムの展開が始まっている中国においては、既に成功事例や失敗事例、適したシーンと適さないシーンが明確になり始めています。
- 前著でも取り上げたフーマーは、大成功（2018年の売上が約2,300億円）となった上で展開を失速させています。これは「既にター

ゲットとなる市場を概ね獲得し切ったため」であり、2019年から
は新業態の展開を強化し、新たな層の生鮮購買シェアを獲得しよ
うとしています。
・ 国家レベルでの国民の移動データ履歴管理を基に、新型コロナウ
　イルスの拡大を阻止するサービスが提供され、収束に向けて活用
　されています。

　一旦デジタルによる社会アップデートが完了したことにより、「何
ができるのか」がよりクリアに見え、「ブランドがデジタルと組み合
わさることでどのように生かされるのか」という先進国の大企業に
とって興味深い取り組みが行われるようになってきています。これに
ついては、第2章で大きく取り上げます。

▌1-4　インドに見る「サービスとしての政府」

GaaSという行政の在り方

　本書のメイントピックではありませんが、デジタルの浸透によっ
て政府や社会機構も、体験提供型やサービス型になっていく傾向に
あります。それは、SaaSやMaaSと同様に「GaaS」（Government as a
Service；サービスとしての政府）と呼び、「国民をユーザーとし、い
かに多様化するユーザーに対応する行政サービスを提供するか」と
いう考えに基づいています。グローバルにおける近年のGaaSトレン
ドや思考の仕方は、若林恵氏の『NEXT GENERATION GOVERNMENT
次世代ガバメント 小さくて大きい政府のつくり方』（日本経済新聞出

版、2019年12月発行）に詳述されています。

　この書籍では、（前著で触れた）エストニアもGaaSの文脈で語られるべき行政システムであると紹介しています。エストニアでは全国民にデジタルIDを付与し、「X-Road」と呼ぶ政府の基本OSを構築しています。多くの国民はスマートフォンを使い、ありとあらゆる自分の行政データにアクセスし、それを取り出したり更新したりできるそうです。日本ではハンコや証明書を持って役所に出向かないとできないような処理（例えば、住民票や戸籍謄本、パスポートの更新など）もオンラインでできますし、選挙もすべてオンライン上でできるようになっています。

　同書ではGaaSの例としてインドを紹介しています。インドは13億人という人口を抱えながら、民族も言語も宗教も多様です。かなり大きな経済格差があり、銀行口座を持たない人もたくさんいます。この国では、貧しい地域に補助金を出すにしても、銀行口座がないため遠くの農村までお金を輸送し、その途中でなぜかどんどんお金が減っていって消えてしまう、ということが頻繁に起こっていたそうです。そもそも「貧困層」と言えるような人たちがどこにどれほどの人数いて、どのような状況に置かれているのかすら分からない状態です。一方で、課税するにも人数が多過ぎて対象が不明瞭であるため、うまくいかないという状況でした。

　そうした状況で、インドは2009年にデジタルインフラの整備に着手し、全人口13億人全員へのデジタルIDの発行は既に完了しているそうです。このインド式マイナンバーは「アーダール」と呼ばれ、顔認証、指紋認証、虹彩認証でIDと個人をひも付けています。こうした

デジタルID基盤が整ったことで、デジタルIDを持っていれば身分が保証され、携帯電話を買うことができ、銀行に口座を開くこともできるようになりました。上述したように補助金が消えていくこともなく、携帯電話さえあればオンラインで受け取りや処理が可能になりました。デジタルIDによる身分証明を背景に、補助を受ける対象なのかどうかが明確になるため、医療や教育も受けられるようになります。

民間企業の可能性を高めるための仕組み

インドのGaaSで素晴らしいのは、デジタルインフラを構築しただけでなく、「インディアスタック」と呼ばれる**誰でも使えるオープンAPIの仕組みを作り、ビジネスプレイヤーを巻き込んで浸透させた**ことです。オープンAPIとは、企業や個人が作ったアプリやプログラムで、政府のデジタル基盤（この場合はデジタルID）に簡単に連携できる仕組みです。

インディアスタックを使った1つの例として、デジタルで企業登記したり契約書を取り交わしたりする際に有効な「署名」があります。日本だとハンコやサインで行っていますが、インドではデジタルで可能です。具体的には、会社や個人が自ら署名を作成できる規格を作り、作成した署名を国のシステムであるデジタルIDとひも付けられるようにしたのです。「署名」のほかにも、「認証」「決済・送金」「書類作成・承認」などもデジタルで可能になりました。

また、医師のいない村でもスマートフォンを使って医師に診てもらえる仕組みを作るスタートアップが生まれるなど、農村部の教育や医

療は大きく変わりました。その他、オンラインで本人確認が完了するので、保険や金融商品などの市場が一気に開けました。

　そうした結果、日本でもオンライン上で完了できないようなことが数多くデジタルで実現されています。デジタルIDとインディアスタックを活用することで、企業が関連ビジネスに参入しやすくなり、人々の生活がより便利になっているのです。

　こうした例を、「銀行口座も持たない貧しい生活をしている人たちが多くいる社会が起点となり、既得権益も基盤もない中で、新たな技術を使って基盤を整えることができた」と捉えると、日本とは関係の薄い事例に見えます。中国の事例も「国が中央集権の管理社会だから」と言ってしまえばそれまでですが、現状は、利便性や実効性の面で、日本は中国やインドに追い抜かれています。日本企業や日本政府が事例を学びながら次世代のガバナンスを研究している状態にあることを認識しておくべきでしょう。

　私たちにとっての重要な学びは、「官と民をいかに混ぜ、経済をいかに巻き込んでいくか」という観点ではないでしょうか。エストニアは限られた国土と資金の中で国家のデジタル化を推進し、その魅力を使って、国外の人々であっても簡単にエストニアの銀行口座を開設したり、エストニアで法人を設立したりすることが可能になり、国力を強めていると言えます。中国やインドのような人口の多い国では、デジタル活用を通して、国民の抱える課題を解決しつつ、企業がビジネスチャンスを見つける、その双方を手助けする仕組みを作っています。

　ここで示した事例は国がかなり強引に進めていますが、そこには国

のユーザーたる国民と、経済を推し進める企業にとってのメリットが明示され、インセンティブが働いています。民間に任せる領域を設定し、その環境を設計した上で実行しているという点で、UX的な視点が取り入れられていると言えます。

▍1-5 米国から押し寄せるD2Cの潮流

プラットフォーマーへのカウンターとしてのD2C

　アフターデジタルシリーズでは、中国事例を中心に、その他の国にも触れながら、世界共通で起き得る変化をひもといています。

　一方で、GAFA（Google、Amazon.com、Facebook、Apple）という世界最強のプラットフォーマー陣が君臨する米国では、**プラットフォーマーに頼り過ぎず、テクノロジーをまとったブランドが中間業者をなるべく挟まず顧客とダイレクトにつながり始めるという、GAFAへのカウンターとも言うべき動き**が生まれています。それが「D2C」（Direct to customer）という概念で、米国と同様にGAFAが浸透する日本で参考にすべき潮流ですし、既に日本でも様々なD2Cブランドが現れています。

　佐々木康裕氏の書籍『D2C 「世界観」と「テクノロジー」で勝つブランド戦略』（NewsPicksパブリッシング、2020年1月発行）には、たくさんの事例とともに、D2Cが単なるバズワードではなく、単なる顧客へのダイレクト販売でもなく、新たな時代における重要な業態であ

ると説明しています。

　佐々木氏は、本のタイトルにもある「世界観」という言葉を、「ユニークで心に刺さる、ブランドの見た目、語り口、振る舞い、佇まいについての基本方針とその実装」と表現しており、D2Cブランドはプロダクトを販売しているのではなく、世界観を販売していると説いています。SNSや自社メディアでいくらでも顧客とつながることができる現在、世界観に共感してくれる顧客をあたかも友達のように巻き込んでいくことで、SNSでの投稿は無限に増殖していきます。

　こうした状況を起こしていくためには、世界観を売るだけではなく、様々な点で思想を転換する必要があります。例えば、顧客との関係性は「単発取引」から「継続的会話」へ、「購入してもらう」ものから「自己実現に成功してもらう」ものへ、また商品も「売る」ものから「一緒に作る」ものへ、といったように、従来の製品販売型ロジックとは一線を画す思考法になっています。

D2Cも「体験提供型」への変化

　イメージしていただくために、佐々木氏の書籍に出てくる米国の寝具マットレスのD2Cブランド「Casper」を例に説明しましょう。これまでのマットレスは、「安い、丈夫、長持ち、大きい」といった機能的価値のみを訴求した商品を主に百貨店で販売していました。購入すると、段ボールに入れた商品が配送業者から届けられます。

　これに対してCasperは、「睡眠は人間のウェルネスを決める重要な要素」とした上で、ウェルネスをテーマにした雑誌を自社で創刊し、

睡眠やウェルネスについてのポッドキャストを展開することで、スタートアップ企業にもかかわらず、質の高いブランディングを打ち立てています。また、商品の購入はオンラインで簡潔にオーダーでき、100日間は返品可能で、商品は独自にデザインされた美しい箱に入れられ、女性1人でも運搬可能な小型サイズになっています。購買後も、モニターとなってくださった方のベッドにセンサーを組み込み、得られたデータから次の商品改良を行うなど、CasperのファンになりたくなるようなUX設計がなされているのです。明らかに従来型の「製品販売」のみを目的としたマットレスメーカーとは一線を画して新たな競争軸を持ち込み、創業2年目には200億円の売上を達成しているそうです。

　ブランドの世界観を押し出し、テクノロジーを駆使してこれを伝えた上で、顧客に製品を販売するモデルからリレーションを作っていくモデルに転換しているという点で、アフターデジタルの「バリュージャーニー型」と同じ考え方に根差していると、私は考えています。中国での事例やGaaSのように、幅広く社会変化を起こしていくケースとは異なり、日本が比較的得意なモノ作りやブランディングを体験提供型にシフトさせている点で、バリュージャーニー型ビジネスとして非常に参考になると思います。

1-6 日本社会、変化の兆し

なぜ日本は遅く見えるのか

　前著『アフターデジタル』を読んだ方々から、「日本はまだまだ進んでいると思っていたが、圧倒的に遅れていると感じた」といった声がよく聞かれました。その上で、「これだけスピードが速い中国に対して、日本が遅い、または遅く感じるのは、何が最大の理由なのか」という質問を多く受けました。

　様々な理由が複合的に絡んでいるので、理由を1つに絞り込むことはできません。例えば、インフラが十分に整備されていなかったが故にモバイルやAIなどの新たなテクノロジーをベースとしたインフラを作り上げることができたという「リープフロッグ現象」、30年間経済成長を続ける国の変化需要度の高さ、高い社会解決意識／社会変革意識を持った企業家の台頭、14億人という人口と貧富の差による労働力の確保など、様々な理由が挙げられます。

　それらを踏まえた上で、「あえて理由を1つ」と言われた場合、私は、「**日本はホワイトリスト方式、中国はブラックリスト方式の管理体系だから**」と答えます（**図表1-5**）。

ホワイトリスト方式
（日本）

「やっていいこと」を決め、それ以外はやってはいけない。例えばセグウェイが公道を走れないのは、まだ道路交通法の対象として整備されていないから。

ブラックリスト方式
（中国）

決められた「やってはいけないこと」以外は基本OKとなるため自由度が高い。中国ではセグウェイだろうと何だろうと一旦乗ることができ、社会問題化してから規制が入る。

図表1-5　ホワイトリスト方式とブラックリスト方式

　日本のホワイトリスト方式というのは、「やっていいことを決め、それ以外はやってはいけない」という管理の仕方で、決めたことしかやってはいけないため、自由度が低くなります。一方で中国のブラックリスト方式は、「やってはいけないことを決め、それ以外は一旦やっても良し」という市場原理に任せた管理の仕方になります。米国もこの方式になります。これだけを聞くとブラックリスト方式のほうが良く聞こえるかもしれませんが、企業や個人に責任を負わせることになるため、社会問題化した場合、大企業であろうと容易に潰れるリスクがあります。

　中国の場合、ブラックリスト方式の上で、国の方針として重点領域を決めます。例えば「特定領域のデジタル推進を推奨する」となると、その領域では規制緩和や国からの投資を受けられ、逆にあまりに従わないと指導を受けるリスクさえあるため、国全体の経済の流れが作られるのです。このようにして、ブラックリスト方式が持つ自由度もあ

る程度コントロールし、国が持っていきたい方向に発展させるという手法が採られています。

　他にも、日本は各国の動きを見て事例として学んでから動く傾向がある（産業革命においてもそうだったといわれています）とか、目的よりもプロセスを重んじる傾向にある、といったことが関係しているとよくいわれます。確かにそういう傾向があることを感じつつも、新しいことを始めにくい環境設計になっていることは、かなり大きな要因であると考えています。

大きな転換点となった2019年

　日本がそのような環境ではあっても、2019年はペイメント競争を始め、大きな変化があった年と捉えるべきであると思っています。

　国としての動きを見ても、DXに本腰を入れ始め、経済産業省による「DX格付け」が始まり、G20では日本起点でデータについての基本的な考え方「データフリーフローウィズトラスト^(注)」が発表されました。経済産業省のキャッシュレス推進室では、キャッシュレスの社会浸透を目的に、「キャッシュレス・ポイント還元事業」が発足し、巨額の予算が投下されています。

注：「データや情報等の越境流通は、生産性の向上、イノベーションの増大等をもたらす一方で、プライバシー、データ保護、知的財産権、およびセキュリティに関する課題を提起、これらに対処することにより、データの自由な流通を促進し、消費者、およびビジネスの信頼を強化する。データフリーフローウィズトラスト（DFFT）はデジタル経済の機会を生かすものである」という声明。2019年1月のダボス会議や、2019年6月のG20において安倍晋三首相から提示された。

　各決済事業者もキャッシュレスに巨額の投資をしています。中国の

事例を踏襲し、「キャッシュバックキャンペーンによっていかに使い始めてもらい、いかにシェアを取るか」という競争をしています。その中でどのようにマネタイズが可能かを検討し、スーパーアプリ化とミニアプリが検討されている状況です。ミニアプリについては第2章で詳述します。

　加えて大きなブームとなったのは、前著でも大きく取り上げたOMOの考え方です。日本では想像以上の盛り上がりを見せています。例えばLINEは、「LINE CONFERENCE2019」にて戦略方針を発表し、その中で「LINE×OMO」という言葉を大きく使っているほか、OMOという冠を付けたイベントを多く展開しています。その他にも、OMOと名付けられた事例が散見されるようになりました。

　2019年の日本の動きをまとめると、D2C、タクシーアプリ、デリバリーフードなどの利用頻度が向上し、これまでにない体験型ショッピングモールも登場しました。ペイメントの2大巨頭とも言えるヤフーとLINEが経営統合し、2020年に入ってからはトヨタ自動車によるスマートシティ構想が発表されるなど、「アフターデジタル的」とも言える流れが加速しているのは間違いありません。

　「アフターデジタル」を発信している身として、変化が始まっていることに対して一定のうれしさがある一方で、もどかしい思いも感じています。例えば、日本と中国では環境が違うにもかかわらず中国サービスの物まねをしていたり、顧客不在のビジネスプランや、システム導入先行型のDXも数多く存在したりします。データ活用に関する幻想や理解の低さから、意味のない理想像が描かれてしまっているように思えてなりません。

端的に言えば、UXへの注力がされていないDX、顧客の状況理解の
ないDXプラン、そうしたプロセスによるデジタル化は、まず成功する
ことはないのです。日本はこうした状況にいることを踏まえ、アフ
ターデジタルへの対応やOMOの実践において、日本における問題点
や実行の要点を第3章にて説明します。

アフターデジタル型産業構造の生き抜き方

2-1 変化する産業構造への対応

　「1-1 アフターデジタル概論」にて、「アフターデジタルのビジネスモデルであるバリュージャーニーは、産業構造を大きく転換します」と書きました。日本はまだアフターデジタル型産業構造に転換していませんが、中国は一足先に構造転換が始まり、各企業は環境変化に対応しています。そこで中国において**決済プラットフォーマー、サービサー、メーカーの各レイヤーで、どのような打ち手を取って勝ち抜いているのか**を整理することは、ビジネスを進める方にとって有意義なインプットになるでしょう。本章では大きく4つの動きに分けて説明します。

（1）プラットフォーマーレイヤーがどのようにその位置に君臨したか（2-2 決済プラットフォーマーの存在意義）。

（2）メーカーレイヤーがどのようにサービサーを目指しているか（2-3「売らないメーカー」の脅威）。

（3）サービサー勃興時代におけるtoBビジネスの在り方（2-4 アフターデジタル潮流の裏をかく）。

（4）アフターデジタル環境で海外レガシー企業はどう生き残っているのか（2-5「価値の再定義」が成否を分ける　続・ラッキンコーヒー VS スターバックス）。

　何度も書いていますが、中国と日本では環境が異なるので、中国の事例を単純にまねすべきではありません。しかし、**デジタルとリアルの融合型モデルでいかにジャーニーを作っていくのか、どのようなビジネスモデルを組むのか、といった点において、中国は世界最高の事例がそろっている**と言えますし、Googleのような米国先進企業も中国に学びに来る状況が続いています。こういった視点で、本章の事例を眺めていただければと思います。

2-2 決済プラットフォーマーの存在意義

　決済プラットフォーマーはアフターデジタル型産業構造において最も強い立場にいます。ただ、ペイメント機能を持ち、シェアが取れたからといって、「決済プラットフォーマー」として君臨できるわけではありません。

　スーパーアプリ合戦が行われている世界の国々では、中国の状況を模倣し、追従しようとしています。しかし、どのようにして中国の決済プラットフォーマーがその地位に上り詰めたのかは、意外と知られていません。そこで、中国版GAFAとも呼ばれる、世界時価総額ランキング（2020年2月時点）6位のアリババと、9位のテンセントのこれまでの取り組みを振り返ってみましょう。

　重要なポイントは、**アリババとテンセントは異なるミッション**^(注)**、役割、ビジネスを持つ会社であり、それらがサービスにおける展開戦略**

から細やかなUX（ユーザーエクスペリエンス）にまで一気通貫していることにあります。アリババのアリペイと、テンセントのWeChatペイにおいてもそれが反映されており、異なる利用シーンで使われるため、ほとんどの人がアリペイとWeChatペイの両方を使っている状態にあります。

注：ミッションとは「その企業が果たそうとする使命、存在意義」を意味します。本書では近しい言葉として「ビジョン」「提供価値」という言葉が出てきます。ビジョンは「目指す将来像」、提供価値は「顧客にとっての価値」を表しています。ミッションは、ビジョン、価値観という言葉と同時に語られ、企業の内側にある根幹を表します。提供価値は、市場環境と自社の強みを踏まえ、顧客の状況にどのような価値を提供できるのかを表した言葉であるため、企業の外側を向いた戦略の話になります。

すべてのUXはミッションによってユニークなものになる

ジャック・マー氏によって1999年に創業されたアリババは、「デジタルによって商取引を円滑にし、中小企業を支援する」ことを自社のミッションとしています。GAFAの中ではAmazon.comに近く、中国最強のECのプレイヤーで、BtoC分野のECにおいて52.5％（2018年時点）のシェアを保持しています。前著でも記載したOMO型スーパー「フーマー」のようにリアル店舗も展開し、ニューリテールといわれるデジタル融合型の小売で世界をけん引しています。2014年に子会社としてスピンアウトしたアントフィナンシャルは世界のフィンテックランキングで1位を獲得し、有名なアリペイや信用スコアのジーマクレジットを運営しています。

ポニー・マー氏によって1998年に創業されたテンセントは、「すべてをコミュニケーション化する」というミッションを持っています。GAFAの中ではFacebookに近く、日本のLINEのようなコミュニケーションのプレイヤーと認識されることが多いようです。しかし

その実、売上の半分以上はゲーム（ネットゲームやモバイルゲームなど）で稼いでおり、以前同社を訪問したとき、「7万人近くいる社員の半分はゲームの開発スタッフだ」との説明を受けました。創業当初はSkypeのようなメッセンジャー兼ゲームや音楽のプラットフォームである「QQ」を運営し、ユーザーを獲得していました。コミュニケーションアプリ「WeChat」は10億人のユーザーを抱え、モバイルペイメント機能も提供しています。アリババと比べるとエンターテインメントに強く、テンセントミュージックは中国でシェアトップの音楽サービスで、Spotifyと提携しています。

　アリババとテンセントの2社を紹介するに当たって、最初にミッションを書いたのは、両社とも自社のビジネス領域を業界カテゴリで区切っておらず、ミッションに基づいてビジネス領域を拡大しているからです。また、**アリババとテンセントが同じカテゴリでサービスを提供していても、異なるミッションでそのカテゴリを捉えているため、同じようなサービスにならない**のです。

　例えば、「送金する」という機能を例に説明しましょう。アリペイ（アリババ）にもWeChatペイ（テンセント）にも、チャットのように送金できる機能がありますが、違いがあります。アリペイは送られてきたお金がそのままウォレットに入る一方、WeChatペイでは送られてきたお金を「受け取る」というアクションを取らないと、ウォレットに入りません。中国に住み始めた頃、私はこの「受け取る」というアクションを忘れがちで、受け取り逃したことが何度かあり、「WeChatペイは、なぜいちいち受け取らせるんだ。アリペイのほうが圧倒的に便利だな」と思っていました。

しかし、ある体験でWeChatペイに対する認識が大きく変わり、Wechatペイが好きになってしまったことがあります。

　その日私は部下を数人連れて、プロジェクトの打ち上げをしていました。楽しく食事を終えたタイミングで、上司である私はメンバーに「今日は僕のおごりだから、払わなくていいよ」と伝えました。すると1人の部下が「私もお金を出します」と言ってくるのですが、「いやいや、要らないから」と笑っていると、その部下は「100元だけでも払います」と言いながら、なんとWeChatペイで100元送ってきたのです。

　このとき、はっと気が付きました。これは、日本でもよくある「とりあえず財布を出して、お金を出す気がある雰囲気を出しておく」という行動なのではないか、と。

　試しに、「え、じゃあ本当にもらっちゃうよ？」と私が受け取りボタンに指を伸ばそうとすると、その部下は若干「え？」みたいなリアクションを隠しきれないまま、「も、もちろんです。受け取ってください！」と言ってきます。もちろん、「嘘だよ」と言いながら受け取らなかったわけですが、そのとき、テンセントの狙いをはっきりと感じ取りました。「すべてをコミュニケーション化する」テンセントは、「お金の受け取り一つにもコミュニケーションが発生する」と考え、日本でよく行われる「財布を出すポーズ」をデジタル上でできるようにしたのです。「なるほどな」と思いました。通常のWeChatペイの操作はなるべくタッチ数が少なくて済むように無駄が省かれているのに、あえて「無駄」を作っているのはそういうことだったのです。

一方のアリペイは、あくまで「商取引の円滑化」が優先です。割り勘でお金を送金する際、たくさん人数がいればいるほど受け取りのアクションが増えます。アリペイからするとこうしたコミュニケーションは「無駄なこと」であり、最小限のアクションで済むようになっています。

このようにアリババとテンセントはミッションが異なるので、同じような機能を提供しても、同じようなサービスにならないのです。

展開戦略にも企業ミッション　アリババのケース

ペイメントを普及させる展開戦略においても、ミッションの差異は色濃く出ています。アリババは一つひとつ丁寧に合理的に、ユーザーと加盟店のペインポイント（課題、悩み、お困りごと）をひもといていきますが、テンセントはゲーム的にバイラルで広める、という手法を採っています。

まず、アリババから説明します。アリペイはそもそもモバイルペイメントではなく、ペイパルのようなエスクローサービスとして2004年から始まっています。中国では相手を信用することが簡単ではないため、アリババのECであるタオバオで商談が成立しても、販売者と購入者が互いに「そっちが先にモノを送れ」「そっちが先にカネを送れ」とにらみ合いになってしまいます。そこにアリペイが仲介に入って、「まず購入者さんはアリペイに代金を送ってください。アリペイに送られてきたら、販売者さんにお伝えしますので、販売者さんは購入者さんに商品を送ってください。購入者さんが商品を受け取ったことを確認したら、代金を販売者さんにお支払いします」といった役割

を担ってくれます。**これによって、中国国民から信頼されるサービスになったのです。**

　スマートフォンが登場したての頃、アリババは「今後、スマートフォンを使ったペイメントが当たり前になる」と考え、モバイルペイメントの実現に動き始めます。最初のハードルは、ユーザーに、モバイルペイメントに触れてもらうことです。そこで、**「アリペイにお金を預ける(注)と金利7％でお金が増えていく」というキャンペーンを実施することで、多くのユーザーが入金しました。こうして、ペイメント機能に触れてもらう**ことに成功します。

注：実際には「アリペイにお金を預ける」ではなく、「預金口座となるユエバオ（余額宝）にお金を預ける」が正しい表現です。ローンチ当初のアリペイの仕組みはデビットカードと同じで、アリペイというゲートを使って、銀行口座から直接お金を支払うものでした。銀行のサーバーを頼るため、アクセス数が少し増えただけで当時の脆弱な銀行システムがダウンしてしまう問題が多発したそうです。これを受けてアリペイチームは、「一度アリペイ上にお金をプールさせれば自社でコントロールできるはず」と考え、ユエバオという、いわゆるアリペイ版預金口座を作ります。一定額までしか預かれない制限付きで、「ユエバオに預けると金利7％で増えていく」というキャンペーンを行うことで、当初想定金額の20倍の金額が集まったそうです。これによって、銀行の脆弱なシステムに頼る必要がなくなりました。

　アリペイにお金が入っている状態を作ったら、次は、そのお金を使ってもらうことです。そのためには、使える店を増やさねばなりません。そこで、都市部を中心に、店舗に設置するバーコードリーダーを無料で配る「ばらまき戦略」を実施しました。その際、「顧客情報の可視化」「アリババの費用持ちで、レストランアプリ用のクーポンを発行する」など、導入店舗向けにインセンティブ付けを行いながら展開していったそうです。

　通常、ユーザーが新たなペイメントサービスを使う際、以下のような状況が発生します。

・まずアプリをダウンロード。
・ユーザー登録を行うために様々な情報を入力。
・入金するためにクレジットカードなどのひも付けを行う。
・その上でどの店で使えるのか不明。

　アリババが実践したことを時系列に並べると、以下になります。

・多くの人がECとして利用し、信頼あるサービスになる。
・金利を付けて、アリペイ上にお金を入れてもらう。
・街中に加盟店を増やし、アリペイを使ってもらう。

　アリペイはもともとECプレイヤーであるという強みを生かし、ユーザーがペイメントサービスを使う際のハードルを一つひとつ丁寧に乗り越え、「アプリをダウンロードし、いつものアカウントでログインすればすぐに使える」という状況を作り出したことで、時間をかけて広まっていったのです。

展開戦略にも企業ミッション　テンセントのケース

　一方のテンセントは、ペイメントに関しては出遅れましたが、かなり特殊というか、ビジネス脳ではなかなか思いつかないアイデアで広めました。テンセントが用いたのは、「紅包（ホンバオ、またはレッドポケット）」です。

　日本でいう「お年玉」のことです。中国では大人が子供に配るだけでなく、忘年会や納会のような場で、上司から部下へ、会社から社員へと、紅包が配られる習慣があります。文字通り、赤い包みに現金を

入れて皆に配るわけです。こうした文化をWeChatは紅包機能として
デジタル実装したのです。

　どのような機能かを簡単に説明しましょう。**図表2-1**の３つの画面
を見てください。まず、WeChat上で紅包を送りたいグループ（LINE
グループとほぼ同様）を選んだ上で、「総合金額」と「山分けできる人
数」を入力します。「10元を２人で山分け」するように入力し（左の
画面）お金をグループに投下すると（中央の画面）、早い者勝ちで奪い
合うことになりますが、受け取れる金額はランダムです（右の画面）。

図表2-1　WeChatの紅包機能

　私が中国駐在を始めた頃、この話を聞いて「ぜひ試してみよう」と、
上海オフィスでの忘年会で皆が食事をしている際、突然「1,000元を
５人で分ける」という設定で紅包を投げてみました。すると、気付い

た1人のメンバーが「紅包が届いてる！」と声を上げ、他のメンバーも我先にとWeChatを開き始めました。

　私よりも役職の高い数人が後追いで紅包を投げ始め、「また来た！」「やった！今度こそ受け取れた！」と、忘年会はかつてない盛り上がりを見せ始めます。

　私の会社では上海と台北のメンバーが全員同じWeChatグループに入っています。ふと気付くと、忘年会に参加していない台北のメンバーが、なぜかお金を受け取っていたのです。すると上海の社員が「台北メンバーが受け取るなら、台北オフィスのトップも紅包を投げるべき」と言い出し、盛り上がりは台北にまで飛び火し、拠点を超えたデジタル宴会になっていきました。

　ただ、台北ではWeChatは一般的ではなく、ペイメントも普及していないため、上海に出張経験のない社員は「WeChatペイを開通しておらず、お金を受け取れない」という事態が発生していました。火付け役になった私は、そのメンバーに「盛り上げちゃってごめんね、大丈夫だった？」と謝ると、そのメンバーから「参加できないし、皆お金もらって得しているのに私はまったく得をしない。最悪の気分でした」と怒られました。**実は、まさにこれが、WeChatペイが普及した理由なのです。**

　WeChatのペイメント機能は、お金をチャットと同様に送ることができます。テンセントの方に話を聞くと、ITオタクのようなギークはこのような機能を面白がってくれると考え、明確にギークを火付け役のターゲットに設定していたそうです。

もともと文化的に存在していた「ただ受け取るだけの紅包」を、「コミュニケーションを生み出すデジタル紅包」として忘年会のシーズンにゲーム化し、ITギークが実際の忘年会を通じて会社に広め始めます。やってみると楽しく、しかもお金がもらえるわけですから、皆がペイメント機能を開通し始めます。日本の感覚からするとイメージしにくいかもしれませんが、多くの企業は会社のWeChatグループを作っているので、会社のグループチャットというコミュニティーによってバイラルで広まったのです。まさにコミュニケーションに特化したゲームカンパニーならではの方法と言えます。

　その後テンセントは、中国の紅白歌合戦に当たるイベントと提携し、テレビ画面上のQRコードをWeChatで読み取り、スマートフォンを振るとお金がもらえるキャンペーンを実施しました。その時点で、家族には会社の忘年会でWeChatの紅包機能を経験した人がいるので、今度はその人が火付け役として使い方を説明するようになります。ITギークから企業に広まり、企業で働く人から家庭に広まっていく、というアリババとはまったく異なる形で展開されていきました^(注)。

注：WeChatペイの前にアリペイが先に広まっており、スマートフォンでのお金のやり取りに抵抗感がなくなっていたからこそ、このようなゲーム的な形で広められたのではないか、ということは留意しておきたいポイントです。

「この企業はこういう存在」と認識される

　機能やUXだけでなく、展開戦略にまでミッションが反映され、その企業の「社人格」のようなものが立ち現れます。結果、ユーザーに「この企業はこういう存在である」と認識されるのです。とはいっても、中国のあらゆる企業がこのようにミッションを大事にしているわけではありません。単に機能を模倣してプロモーション合戦をして疲弊

する企業もたくさんあります。そういった機能模倣のプレイヤーは潰れ、ミッションに基づいて社人格がすべての顧客接点に反映されているような企業が生き残っています。この視点から、「日本におけるプラットフォーマーが存在するならば、どのような存在であるべきか」と考えてみるのは意味があることでしょう。

　なお、「ミッションがすべてを規定する」というのは、決済プラットフォーマーに限らずサービサーでも重要です。ただ、決済プラットフォーマーは多機能になり、サービスとしての目立った特徴がなくなりやすいので、特にミッションに基づいた定義が大事になるのです。これがぼやけると投資提携合戦になって同じようなアセットが並び始め、競合との差異化要因が失われてしまいます。多機能サービスであればあるほど、気を付けるべきポイントであると考えています。

2-3 「売らないメーカー」の脅威

　アフターデジタル型産業構造になることで、最も恐怖を感じているのはメーカーです。トヨタ自動車が「モビリティーサービス・プラットフォーマーになる」と標榜していることからも、多くのメーカーがこの危機感を持っていることが分かります。自動車は頻繁に購入するものではないので、メーカーは顧客接点の頻度が低く、顧客理解の解像度がどうしても低くなってしまいます。

　では、アフターデジタル時代真っただ中の中国のメーカーは、どの

ようにして時代に対応しているのでしょうか。いくつかの事例を紹介します。読者が所属する業界と違っていても、どのように接点を構築し、顧客との関係性を作っていくのかについては、参考になる事例だと思います。

「鍵を渡してからが仕事」の自動車メーカーNIO

　中国の次世代EV（電気自動車）メーカーの中で、最も販売台数が多いのがNIO（ニオ、上海蔚来汽車）です。「テスラキラーの筆頭」とも呼ばれ、自動運転やAI（人工知能）などの導入も含め、先進的なブランドイメージと機能で注目を集めています。しかも価格はテスラの半額程度、日本円で600万〜700万円程度です。

　NIOの担当者にテスラをどう思うか聞いてみると、次のように話してくれました。

「テスラは車の鍵を渡すまでが仕事だが、NIOは鍵を渡してからが仕事だ。我々が提供しているのはライフスタイル型高級会員サービスのようなもので、その会員チケットを買うために600万円〜700万円を払ってもらい、ギフトとして車を差し上げるようなものです」

　では、その「会員サービス」はどんなものなのかというと、以下の4つが主なサービスになります。

① NIO Power（充電関連）
② NIO Service（メンテナンス・サポート）
③ NIO House（会員用ラウンジ・イベント）

④ NIO App（コミュニケーション・EC）

　①②は「車を使う上でのペインポイントを解決する便利系サービス」、③④は「ライフスタイルに新しい意味をもたらすサービス」です。

　①NIO Powerは電気自動車用の充電サービスです。電気自動車のペインポイントの一つは、充電に時間がかかることです。既設の電池に充電する方法だとどうしても時間がかかりますが、NIOは大きなコンテナ型充電ステーションで電池パックごと入れ替えてしまいます（https://www.youtube.com/watch?v=oTXptUuKGrc）。これによって、3分でフル充電状態になります。さらに、旅行中や移動中でも充電できるように、充電カーが指定した場所まで来てくれる「充電デリバリー」も提供しています。

　実際にNIOを使っているユーザーに聞いてみると、「旅行に行くとき、空港に車を預けて、アプリでNIOのスタッフに『この空港のこのあたりに止めてあるので、何日後に帰ってくるから、それまでに充電をしておいて』と伝えておくと、帰ってきたら充電されているのでとても便利」と話していました。

　なお、NIO Powerには無償版と有償版があり、上記は年に1万800人民元（日本円で16万円程度）を支払う有償版のサービス内容です。無償版は、街中にあるNIOの充電ステーションが使え、アプリでその場所を検索することができます。好評なのは有償版で、現在はNIOではない他の電気自動車メーカーのユーザーに対しても提供しており、このサービス単体でのマネタイズが行われています。

②NIO Serviceは年間1万4,800人民元（日本円で23万円程度）の有償メンテナンスサービスで、修理、保険、Wi-Fiの使用量グレードアップ、空港の駐車場無料など、様々な特典が付きます。こちらも実際のユーザーに聞いてみたところ、「今までは車をメンテナンスしようとすると、子供と遊んでいたい土・日曜のうち1日を潰して数時間待つことは当たり前でした。それが今は、今日は雨が降りそうだから1日家にいようと思ったタイミングでNIOのスタッフにメンテナンスをお願いすると、スタッフが家まで来てくれて、車の鍵を渡すとメンテナンスをした状態で家に戻してくれます。1日子供と遊んでいられるので、生活の質が上がりました」と話していました。

通常、カーメーカーは「顧客接点」を持つことが非常に難しく、購入時点だけしか接点を持てないものですが、NIOは定常サービスによって顧客との接点を確保し、いつでも顧客の相談に乗れるような関係性を作っています。

さらにNIOは、「ライフスタイルに意味をもたらすサービス」によって、顧客と深い関係を築いています。

③NIO Houseは、いわゆる会員制ラウンジで、カフェスペース、図書館、ベビーシッター用のスペース、イベントスペースなど、様々な特典があり、子供を預けて買い物に出かけることも可能です。毎日数回のイベントが開かれていて、例えば、親子で学ぶ英会話、女性向けヨガ教室、NIOの幹部とNIOの車やサービスについて語るユーザー会などが開催されています。

日本でもこういった会員制ラウンジはあり、NIO Houseだけを見る

と、大した驚きはないかもしれません。NIOの事例において**重要なのは、③のラウンジサービスと④アプリの連携**にあります。

　④NIO Appというアプリで何ができるかというと、まずSNS機能があります。ユーザーは「NIOのある生活」を投稿し、数百の「いいね」が付く投稿が散見されるほど、アクティブで活気のある専用SNSになっています。イベントの最新情報を見て参加予約をしたり、新しく出た車の試乗予約をしたりすることもできます。毎日ログインするとポイントがたまり、そのポイントを使ってNIOグッズ（服、文房具、食器、レジャー用品など、かなり広範囲）や、NIOが選んだ商品を購入したり、NIO Houseで飲むコーヒー代として使えたりします。

　ラウンジとアプリの連携は、**場でつながる人の縁をうまく利用し、双方をさらに使うようなジャーニーを作っている点**にあります。

　NIO Houseでのイベントは、NIOの世界観^{（注）}に共感し、かつ600万〜700万円する車を購入する生活水準の方々が集まっているので、NIOのスタッフやイベントに参加している人たち同士で仲良くなることが多いそうです。このとき、参加者はWeChatだけでなく、専用アプリのNIO Appのアカウントも交換します。イベントで知り合った人の投稿を見つけて「いいね」をしたり、コメントを残したりする中で、その投稿をWeChatのSNSでシェアすると、「NIOのことを周りにお薦めして広める」ことになるため、ポイントをもらうことができます。アプリを使う中で試乗のお誘いが来ることもあれば、イベントの情報を見てまたNIO Houseに出向き、さらに友達が増えて、といった具合にどんどんとアプリを使うようになり、エンゲージメントが高まっていくわけです。

　ラウンジはファンをつなぎ留める場でありながら、そこで完結せず、高頻度なデジタル接点に移行させ、リアルで作った縁をアプリの中で強化し、高頻度化させることで、どんどんNIOに触れる機会が増える仕掛けが作られています。

　このように、リアル接点の強みを生かしてデジタルの受け皿に乗せ、またリアルに返ってくることで「ハマる楽しさ」を生み出し、そうすることで強い関係性を築いているのです。NIOは一時期経営が傾いた局面があったのですが、そのとき、NIOの電気自動車のオーナーたちは、周囲の友達にNIOの電気自動車を購入するように働きかけ、それによって危機を乗り越え、今では中国の次世代EVメーカーにおいて出荷台数が最も多いプレイヤーになっています。

　NIOは「まだマネタイズ段階ではない」と考えており、とにかくユーザー数と満足度を追ってファンを増やしていくことを最重視しています。そのため、まだまだ赤字を生みながら回している状況で、フェーズの変化に応じて大規模なリストラも行っています。現状はかなり過剰サービスになっている側面もあるため、長期に生き残る企業になるのかどうかを冷静に見極める必要がありますが、現状非常に高いロイヤルティーを生み、中国電気自動車市場においてもグローバルにおいても注目される存在になっています。デジタルとリ

アルの接点をつないで関係性を築いている事例として、多くのこと
を学べると思います^(注)。

注：前著『アフターデジタル』では「ビットオート」というカーメディアが登場しましたが、その
　　創業者であるウィリアム・リー（李斌、リービン）氏が、実はこのNIOの創業者でもあります。
　　ビットオートでは、様々なサービスと投資提携関係を持ち、顧客のカーライフすべてをデー
　　タから理解し、カーライフを支える戦略を描いていました。野心あふれるデータ戦略である
　　一方で、データを突合させて共有したからといって、ビジネスに活用できる範囲はかなり局
　　所的だったり、コストだけかかって何の成果もなかったり、といった問題も発生しており、
　　「どの範囲までを共有データ化するか」の見極めが非常に難しかったそうです。NIOはここか
　　ら学びを得て生み出されているため、移動だけでなく、充電や駐車も、車にまつわる関心ご
　　とや、好きな商品タイプなど、カーライフにまつわるデータをすべて一元管理できることを
　　前提にして作られています。

中国の電動バイクメーカー「NIU」の例

　一度成約したらそのあと関係性が切れてしまうタイプの「一発成約
型」のビジネスが、体験提供型のビジネスに進化した事例は、NIO
だけではありません。他にも、顧客との高頻度な接点を持てるように
なった事例をいくつか紹介します。

　中国の電動バイクメーカー「NIU」（小牛電動、https://www.niu.
com/）を紹介します（電気自動車のNIOと名前が似ていて紛らわしい
のですが、別です）。「バイクの管理とカスタマイズ」を軸に、購入後
の接点を作っています。

　単純に電動バイクというモノとしての機能においても、これまで
の「安いだけの電動バイク」ではなく、「都会でかっこよく乗る、自分
だけの電動バイク」を志向しており、安さはそのままに、デザイン性
が高くカスタムしやすい作りになっています。特に重視されているの
は、蓄電池の持ち運びやすさです。中国では電池の盗難が多いので簡
単に持ち運べて家の中で充電できるようになっており、たとえ盗まれ

てもGPSで場所を調べることができ、蓄電池を使ってスマートフォン
の充電もできます。ユーザーのペインポイントを解決している機能に
魅力が感じられます。

　モノとしての機能だけではなく、アプリと一緒に使うことで、さら
にNIUのある生活を楽しめるように作られています。バイクの位置や
バッテリーの位置が確認できる機能はもちろんのこと、NIOのアプリ
同様にSNS機能があり、マニアユーザーが自分らしく改造したマイバ
イクの写真や改造プロセスなどがアップされています。

　NIUのほとんどの店舗に改造ステーションが併設されているので、
店舗に行けばスピード上限を引き上げたり、カゴを追加したりといっ
た簡単なカスタマイズのほか、デザインにこだわった本格的な改造ま
で行うことができます。

　一般のユーザーは、蓄電池にGPSが付いていて場所を調べられるの
で盗まれにくいという点にメリットを感じています。マニアユーザー
になってくると、特定のイベントに参加したり、記事を投稿したりす
るとポイントがたまることにメリットを感じ、そのポイントでカスタ
マイズパーツやNIU専用グッズをアプリ内のECで購入できます。この
ように、購入後にさらに愛着を抱いたり、コミュニティーを作ったり
といった体験を、デジタルとリアルを融合させた形で実現しています。

若者向け賃貸サービス「自如（ズールー、ZiRoom)」の例

　こういった事例はメーカーだけに見られるものではありません。若
者向け賃貸サービスの「自如」（ズールー、ZiRoom)^(注)を見てみましょ
う。ズールーはテンセントと提携関係にある「鍵家」（Liang Jia)とい

う不動産＋仲介業社からスピンオフしたサービスです。

注：http://www.ziroom.com/

　ズールーが提供するサービスは大きく分けて４つあります。

① 賃貸物件探し
② 生活サービス
③ 旅行
④ コミュニティー

　①賃貸物件探しは、日本にもあるようなサービスですが、中国ならではの家探しにおけるペインポイントを解決しています。例えば中国都市部では、複数人で一緒に住む「ルームシェア」は日本以上に一般的です。その場合、誰かが責任者となり、他のメンバーから家賃を徴収してまとめて支払う必要があります。ズールーでは、これを同居する全員がそれぞれ別々に支払える仕組みにしています。

　また、中国の住宅事情はまだ整備されておらず、一見良さそうに思えたので住んでみたら水回りが極端にひどいなど、すぐに気付けない品質のムラがあって後悔することもしばしばなのですが、ズールーはその点の不安がありません。

　②生活サービスは、賃料に８％の管理費を上乗せすることで、定期的な清掃や家具の修理といったサービスを一定回数利用できるサービスです。別の言い方をすると、サービスアパートメント化です。サービス側の視点から見ると、家を貸した後でも、顧客との接点を持ち続けることが可能になります。

ここまでは、NIOの事例で言うところの「ペインポイントを解決する便利系サービス」で、残りの２つは「ライフスタイルに新しい意味をもたらすサービス」に当たります（**図表2-2**）。

図表2-2　ズールーのサービス
左はズールーアプリのトップ画面、中央はAirbnb的な民泊機能の画面、右はズールーアパートに泊まれる機能の画面

　③旅行には、中国国内で旅行するときに使える２種類のサービスがあります。１つ目はAirbnbと同様のサービスで、ズールーの家を借りている一般ユーザーがもう１部屋借りてデコレーションし、他のズールーユーザーに宿を提供するサービスです。こちらはかなりデザインにこだわっている部屋が多く、値段はそれなりにします。２つ目は、ズールーアパートとも言うべきサービスで、ズールーが自社で抱えるマンションの空き部屋を安い宿として提供するサービスです。ホステ

ルのような場所を構えている場合、1泊1,000円以下で宿泊することも可能です。ズールーのユーザーであれば、中国国内を旅行する際、このような部屋に宿泊することができます。

　④コミュニティーとは、マンションの中などでのイベントサービスです。ズールーが自社で抱えるマンションはイベントスペースが付いているものがあり、ズールーユーザーがそのスペースを借りてイベントを開催することができれば、ズールーが自ら料理教室や音楽・ダンスなどのイベントを開くこともあります。そうしたイベントは、アプリでの通知だけでなく、一定距離内に住むユーザーとのチャットグループで告知されます。その他、特定地域での皆の意見を聞いたり投票したりするアンケート機能などもあります。新型コロナウイルスが猛威を振るったとき、こうしたコミュニティーの中でサービス側の対応の悪さが追及されるようなこともあったようです。

　いわゆる「住居・賃貸」のビジネスドメインに限定せず、「より便利で楽しい住空間」と捉えることで、地域での交流や旅行時の住まいまで提供しています。そうすることで提供価値を広げ、ユーザーとの接点をより高頻度に長期に転換できたのです。

　私の仲の良い知人にズールーユーザーが2人います。2人はズールーの物件に何度も引っ越しています。日本では「特定の不動産仲介業者にロイヤルティーがあり、何度も同じところを使う」というのは考えにくいでしょうが、賃貸物件を決定して住み始めた後にも不動産仲介業者と関係性を持っていることから、2人は引っ越してもズールーの物件を選んでいるのです。1人は単に家探しや住空間における利便性が気に入っているようですし、もう1人は国内を旅行することが多く、

旅行の機能を使って様々な形態で宿泊するのが好きなようです。

　NIO、NIU、ズールーは、いずれも商品に関わるペインポイントを解決するだけでなく、ユーザーにより良い生活スタイルを提案する形で、定常的に顧客との接点を持てる「体験提供型」のサービスに変化させています。これにより、商品販売型では提供できなかった顧客との新たな関係を作り出し、これを新たな優位性としながら、いつでも顧客の状態を知ることができています。前著に事例として挙げた「平安グッドドクター」はまさにこうしたモデルの先駆者であるわけですが、**「売ること」「成約させること」にフォーカスするのではなく、顧客にずっと寄り添うことを重視することで、他社を圧倒し、人が人を連れてくるというモデルが、多方面に成立し始めているのです。**

コマースの遍在化　〜欲しいものを探さない時代へ〜

　ズールーでは、ズールーが選んだ家具、IoT家電、日用品の販売をアプリ内で行っており、ポイントがたまったり、クーポンが使えたり、タイムセールがあったりします。NIO、NIUを含め、EC機能が付いていることはもはや中国サービスのスタンダードになっていると言えるでしょう。

　これらの事例から、「商品販売型」から「体験提供型」になったアフターデジタル社会の一つの変化が見て取れます。**それは、サービスの利便性や世界観が優位性を持ち、商品の購買がサービスのジャーニーの中に埋め込まれていく状態が進んでいる、ということです。これを「コマースの遍在化」と呼んでいます。**イメージしやすい例で言うと、「テスラのファンが、テスラが出したコーヒー豆を買う」といった形

で、まったく関係のないビジネスドメインの商品でも、その世界観や
ブランドが好きなので、特に比較もせずに購入してしまうような行動
を指します（現に私も、車は持っていませんが、NIOとトム・ディク
ソンという英国のインテリアデザイナーとのコラボバッグを持ってい
ます）。

　PCインターネットの時代、何かを買いたいと思ったとき、起点と
なるのは検索でした。Yahoo!やGoogle、ZOZOTOWN、Amazonで商
品を検索し、価格や品質を見比べて購入していました。それが、モバ
イルが当たり前のように使われ、リアルとデジタルが融合して生活に
溶け込む時代になると、特定サービスへのロイヤルティーが高まって
ファンになり、「そのサービスが選んでいる」という心理的な付加価
値や、「ポイントもたまっていて便利だから」というインセンティブ
によって、そのサービスからモノを買ってしまうようになります。こ
のとき、検索や比較検討という行動は起こりません。

　前著で紹介した平安グッドドクターでは、ユーザーは歩いてたまっ
たポイントを使って、アプリ内で医薬品や美容品を購入するようにな
りました。フーマーでも「ついでに家の清掃やクリーニングを頼む」と
いう行動が起きています。NIO、NIU、ズールーも同様の事例と言えま
す。これらは、米国で起きているD2Cに近い動きです。日本でもファ
クトリエのような「世界観」によってそこに集まる「工場直販」の商品が
キュレーションされていたり、FiNCのようなワンストップヘルスケア
サービスによって健康食品ブランドのシェアが奪われていたり、クラ
シルのようなレシピ動画で紹介しているミールキットが購入されたり
といった動きがあります。これらもすべて同じ流れと言えるでしょう。

商品を購入しようとする意思の前に、このように**利便性が高く、生活に新たな意味をもたらすようなサービスが「想起が起こる前」から顧客の心理の内側に存在する**ことによって、メーカーや小売のシェアが奪われていく流れにあると言えるのではないでしょうか。この状況を踏まえると、ここで説明した「メーカーや一発成約型ビジネスがどのようにしてサービサー化したのか」という対応は重要になってくると考えています。

2-4　アフターデジタル潮流の裏をかく

　サービス優位の時代になるという「アフターデジタルの潮流」を正しく捉えると、新たなビジネスチャンスが見えてきます。それが「**たくさん生まれてくるサービサーに対してサービスを提供するプラットフォーム**」というポジショニングです。toB向けのソリューションプラットフォームと言い換えてもよいでしょう。ここでは、衆安保険とミニプログラムを例に説明します。

衆安保険：すべてのサービサーのための保険OEM

　衆安保険とは、2013年にアリババ、テンセント、平安保険の3社を中心に作られたジョイントベンチャーで、2015年にはKPMGとH2ベンチャーズによる世界のフィンテックランキングで1位に輝いた中国初のオンライン専門保険会社です。2017年9月には香港でIPOを果たしています。

　一風変わった保険会社であることは、商品を見れば一目瞭然です。いくつか紹介しましょう。

　「飛行機遅延保険」という保険があります。中国は日本と異なり、飛行機が数時間遅れることは珍しくありません。この保険は、「自分が乗る飛行機はきっと遅延する」と思ったら事前に購入しておき、実際に遅延すると、遅延１時間でいくら、遅延２時間でいくら、という形で保険金が支払われます。もちろん、遅延しないとお金は受け取れません。賭けのように見えるのではないでしょうか。

　同様の保険に「高温保険」があります。被保険者のいる都市で37度以上になる日の累計日数が規定日数を超えると保険金が出ます。飛行機遅延保険と同様に、今年は猛暑かどうかを賭けるような保険です。

　一方で、「糖尿病保険」という保険は、加入すると指に付けるデバイスが配られ、この痛くない無痛針の付いたデバイスを使って毎日血糖値を測り、状態が改善されるとプライスが変わっていくという、IoTとダイナミックプライシングを使った正統派インシュアテック（=InsurTech、テクノロジーを使った保険という意味）です。

　最も有名なのは「返品運賃保険」です。中国では偽物が一定数存在し、仮に本物であっても思っていた品質でないこともよくあるため、アリババのECでモノを買う際にこの保険に入っておくと、商品が届いてから正式に購入するかを決めることができ、気に入らない場合の返送料を保険金でカバーしてくれます。

　ユニークな商品があることは分かったところで、なぜ、アリババ、

テンセント、平安保険の3社は衆安保険を作ったのでしょうか。

　特に平安保険からすると同じ業態の企業になります。その謎を解くには、まず平安保険がどんな企業なのかを説明する必要があります。前著『アフターデジタル』で詳述していますが、平安保険は顧客ロイヤルティーを重視しています。ユーザーにインタビューをすると「私、平安保険が好きなんです」とか、「平安保険は、信頼できる友達のような存在ですね」といった意見が聞かれ、あまりのロイヤルティーの高さに驚きます。

　一方の衆安保険は、まったく異なります。試しに衆安保険の返品運賃保険を頻繁に使っているユーザーにインタビューをしてみると、「普段からこの返品運賃保険にはとても助けられている」と言うので、「では、衆安保険のロイヤルカスタマーなんですね」と聞くと、「何ですか？その保険会社は。これって、アリババの保険ですよね？」という受け答えをされました。

　例えば、タクシー配車サービスのディディには、タクシードライバー専用の保険があります。ドライバーはディディが保障してくれていると思っているわけですが、実際には、衆安保険が商品を作って保障しています。先ほどの例にある飛行機遅延保険についても同じで、ユーザーはそのオンライン旅行会社が保険も提供していると思っているのですが、実際には衆安保険によるものです。

　このように衆安保険のモデルは、**サービサーが勃興し乱立する時代を捉え、そのサービサーが保険を作りたい、付加価値を増やしたいと考えた際に高速でそのサービスにおける保険商品を作る、新時代型の**

保険OEMと言うことができます。衆安保険の方に話を聞くと、「保険を作るというよりも、体験価値を強化するサービスを提供しているという考え方に近い」と言います。

　商品の作り方は、通常の保険企業とは異なります。これまでの保険商品は、既存の保険商品の枠組みに合わせて、市場の環境を踏まえ、リスク計算をする保険計理人の下で保険の専門家が商品設計をします。しかし衆安保険は、各業界の専門家を責任者に据えることが多いそうです。例えば旅行保険の部門であれば、オンラインの旅行会社でマネジャーの経験がある人を雇い、「旅行におけるカスタマージャーニーを考えたときのリスクを考え、商品化せよ」と言われるそうです。そうしてカスタマージャーニーを丁寧にひもとくと、「飛行機が遅れることは旅行や出張のリスクになる」と考え、そうしたことが保険商品化されるそうです。このようなプロセスを高速にアジャイルで開発することを重視しているため、年間の目標商品開発数は100[注]、既存の商品は数百にもなります。

注：保険に詳しい方は「スピードが速過ぎる」と感じるかもしれません。中国の事情を説明すると、「生命保険」は政府の認可が必要なので認可だけで1年近くかかります。日本と近い状況です。本文中に示したような「損害保険」は申告制なので早く商品化できますが、約款の内容で差異化することが規制上難しいので、新しい技術で新しい商品を出そうとする際は、まず保険の枠外でサービス提供できないかを考えるそうです。日本でも人気の少額短期保険のように、例えばドローン保険やスマホ画面割れ保険のように、「それはただの保証では？」と感じるような商品もあります。だからこそ、年間100の商品を開発できる側面があります。

　衆安保険の方に根本思想を聞くと、次のように発言されていました。

「保険のバリューチェーンのリビルドを目指している。リビルド後の保険の起点はお客様のシチュエーションやニーズの把握です。お客様の状況を掘り下げて把握するテクノロジーが保険を変えていくと信じ

ています。得られたお客様の状況を商品として具現化するために、いかにプロダクトデザインとマーケティングがスピーディーに連携できるかを重視しています」

　なぜそこまでスピードを重視するのかを尋ねると、

「オンラインでやっている以上、プレイヤーもニーズもすぐ変わるかもしれないという危機感があるから」

とのことです。顧客の状況を捉えて設計するUXの考え方が通底していることが見て取れます。

体験型ビジネスを支援するミニプログラム

　衆安保険と近しいポジショニングに挙げられるのが、WeChatをはじめとするスーパーアプリに内蔵される「ミニプログラム」でしょう。ミニプログラムとは「アプリ内アプリ」と呼べる機能で、わざわざ専用アプリをダウンロードしなくても、WeChatやアリペイの中でアプリに類する機能として使えます。PayPay、LINE Pay、その他通信事業者系のペイメントなど、日本でスーパーアプリを目指しているアプリは、現在これと同じ「アプリ内アプリ」である「ミニアプリ」を作る流れにあります。

　サービサーが自社でアプリを作ると、費用もかなりかかる上に「なかなかダウンロードしてもらえない」という状況になる可能性が小さくありません。その点、ミニプログラムなら、中国では既に10億近いユーザー数を抱え、かつ、毎日高頻度に開かれているWeChatやア

リペイに内蔵されるので、確実に高頻度の顧客との接点を持つことができます。何より、制作費がアプリと比べて桁違いに安上がりで、短期間で作れることも重要なポイントになります。

　一方の決済プラットフォーマーにとっても、「より粘着度が高いアプリになる」「マネタイズの源泉を確保する」といったメリットがあります。

　こうした動きの源流はすべて、WeChatが始めたこのミニプログラムにあると言えますが、中国では既に使われ始めて3年近くたつため、向き不向きや利用特性の知見が既にたまっています。

　ミニプログラムには、以下のような例があります。**図表2-3**とともに参照してください。

① EC付きの会員証機能（中国企業だけでなく、日系企業でもユニクロや無印、JINSなども提供している）。
② レジの代わりにスマートフォンで商品バーコードを読み取って会計できる、コンビニエンスストア用「スマホレジ」機能。
③ 飲食店のメニュー機能。
④ 住宅内見をVRで実施できる機能。

　③の例として、私の家の近所の個人経営コーヒーショップは、メニューだけでなく店に入る前から注文しておいてピックアップ（注）できるようにしています。日本で考えれば、個人営業のコーヒーショップでアプリを作るのはコスト上難しく、ピックアップのような機能を提供するのは、スターバックスのような大企業に限られます。ですが、

ミニプログラムは10万円程度の費用で簡単に作れ、少し大きめの個人経営レベルならコーヒーのピックアップ機能を提供することが可能です。

注：リモートで注文して先に作っておいてもらい、出来上がったタイミングでお店に取りに行くこと。

図表2-3　ミニプログラムの例
左はコンビニエンスストアのスマホレジ機能（丸いボタンを押して商品のバーコードを読み取ると価格が出てきて、そのままWechatペイで会計が可能）、中央はEC付きの会員証機能、右は住宅のVR内見機能

　ここでは深く書きませんが、中国では**零細企業や個人事業主でもDX（デジタルトランスフォーメーション）を実施し、顧客接点を増やして提供価値を高める支援をするプラットフォームが多数存在**します。顧客といつも接点を持ち、より利便性を高めたほうが勝つ時代において、こうしたプラットフォームを提供することは衆安保険と同様、時

代を捉えたポジショニングと言えるでしょう。

　日本ではPayPayやLINE Pay、その他通信事業者系のペイメントアプリが軒並みスーパーアプリを目指し、ミニアプリ（中国で言うミニプログラム）を提供しようとしているのは、このポジションを狙っているためであると言えます。このあたりについては第3章で詳述します。

　衆安保険とミニプログラムに共通するのは、世の中のバリュージャーニー化（体験提供型ビジネス化、サービサー化）の潮流を捉え、「安価に顧客との接点を増やし、体験における価値を強化したい」といったニーズに応えるポジションにいることです。ストレートに「体験提供をする」ことも重要ですが、**世界に既に起こっている潮流の中で、日本において起こりつつある現象に着目して手を打つという戦略**は、アフターデジタルに対応する意味で持っておくべき視点ではないでしょうか。

2-5 「価値の再定義」が成否を分ける
続・ラッキンコーヒー VS スターバックス

　第2章の最後は、成功体験のある企業や歴史のある企業が考えるべき、「アフターデジタル環境における価値の再定義」について説明します。成功体験のある多くの企業は、環境が変化していることで価値が目減りしていることに気付かず、気付いたときには対応に後れを取ってしまっていた、という状況に陥っており、その際に最も重要なのが「価値の再定義」です。

前著『アフターデジタル』では、「ラッキンコーヒーとスターバックスの戦い」について書きました。ここでは、その後を書くことで、価値の再定義の例を示したいと思います。

　前著では、「もともとスターバックスのコーヒーを１日２、３杯飲んでいた私の生活が、圧倒的な利便性を提供するラッキンコーヒーを利用する生活に変わった」と書きました。結論から言うと**現在私はスターバックスのコーヒーを１日２、３杯飲む生活に戻っています。**

　2018年末時点までに何が起きていたのかをおさらいします。スターバックスは中国市場に注力し、１年で500店舗増のペースで拡大をしていました。2017年は売上が７％増えましたが、2018年は500店舗近く増やしているのに全体の売上が２％落ち込む事態になりました。この背景には、中国の生活インフラレベルで使われているデリバリーフードがあります。

　スターバックスは「サードプレイス」という言葉で表されるように、場所の価値を重視していたので、デリバリーフードに参入しませんでした。30分後に届いたコーヒーは泡も匂いも消え、味も劣化してしまうと考えたのだと思います。ところがスターバックスは、2018年の売上減少を受け、デリバリーに参入しなかったことを反省し、同年８月にアリババとの提携（正式には傘下のデリバリー事業であるウーラマとの提携）を発表しました。

　スターバックスが参入しなかったデリバリーフードで飛躍したのがラッキンコーヒーというスタートアップです。2018年１月からサービスを開始し、わずか１年で2,000店舗を構える驚異のスピードで拡

大。圧倒的な利便性とブランディングで市民権を得ることで、店舗拡大の資金を集めたのです。特に購買体験の利便性が高く、家に届けてもらうことも、家を出るときに買って会社に届けてもらうことも、先に買っておいて会社に行く途中でピックアップすることもできます。購入時に発行されたQRコードを友達に送って、友達にピックアップしてもらってもよい、という融通無碍の買い物体験が人気を呼び、瞬く間に「スターバックスの競合」といわれるまでになりました。

　実際、私も、家を出た瞬間に朝ごはんとコーヒーをスマートフォンで注文して会社へのデリバリーを依頼すると、会社に着いたタイミングでコーヒーと朝ごはんが届きます。この便利さと、2杯分のコーヒーチケットを買うと1杯無料になる価格上のインセンティブに心を奪われ、もともとは会社の近くのスターバックスに足を運んでコーヒーを買っていたのに、ラッキンコーヒーしか飲まなくなりました。

　ここまでは、前著でも紹介したラッキンコーヒー VS スターバックスです。

スターバックスが行った価値の再定義

　ここからが、2019年以降の「続・ラッキンコーヒー VS スターバックス」です。アリババ傘下のデリバリーサービスであるウーラマと手を組んだスターバックスは、単に通常のデリバリーを提供するのではなく、ウーラマにスターバックス専属配達員を配備しました。何が違うかというと、通常のデリバリーでは配達員が配達ルートを自分の意思で決定するため、「決められた時間内で多くの案件を処理すること」を優先し、商品を早く届けることより、決められた時間に間に合うよ

うに配達します。実際デリバリーアプリ上で「30分後に届く」と出ていると、概ね30分前後で届くのが通例です。

　スターバックス専属の配達員は1件の注文に対して、寄り道せずに直接届けてくれる1 to 1配送を実施するため、注文後10〜15分で配達してくれます（私の経験では最短7分でした）。配達費用は通常100円程度ですが、専属配達員の場合150円程度と50円高いです。ただ、単純に早く届くだけでなく、コーヒーの味も損なわれず、かつ、フードを頼んでもまだ温かい状態で届くため、味自体が普通においしい、というベネフィットを感じます。スターバックスを迷わず買うような顧客層は、デリバリーの50円差など特に気にせずに注文するようです。

　私はラッキンコーヒーの味に不満があったこともあり、この利便性と味のベネフィットにより、一気にスターバックスに寝返り、今では1日2、3杯スターバックスのコーヒーを注文するようになりました。

　初めは「サードプレイス」という価値に固執し、デリバリーというユーザー側の利便性を無視したスターバックスでしたが、**「ユーザーが既にその便利さの向こうに移行している」**という現状を捉え直し、**「スタバらしいデリバリーとは何か」「アフターデジタル型のスタバが提供すべき価値とは何か」**を再定義した跡が見られます。現に、北京を皮切りに「スターバックスNOW」という、イートイン席なしの、デリバリーとピックアップのみの店舗を増やしています。「サードプレイス」に固執していてはできない芸当であると言えます。

　これは推測でしかありませんが、おそらくデリバリー浸透時代のスターバックスは、「いつでもどこでもサードプレイス化できるとい

う価値を提供すべき」と捉え直したのではないかと考えています。実際、専属配達員がコーヒーを届ける際、両手をそろえて商品を手渡しし、お辞儀をするのです。他のデリバリー配達員では絶対にやらないようなことです。これも、「スターバックスの店員の代理となる存在」として配達員を見ていることの表れであると言えます。この結果、2019年第3四半期は過去3年で最高の成長率を記録し、実際に成果を出しています。

この事例は、デジタルによってディスラプト（業界破壊）されるという恐怖を感じる企業にとって、福音のような側面があると捉えています。というのも、**利便性はコピー可能である一方、ブランドは模倣が難しいため、時代に合わせて価値を再定義して技術を正しく導入すれば、アフターデジタル時代においてもより大きく成長することが可能であることを示している**ためです。

歴史や過去の栄光にすがり、「我々の誇りであるサードプレイスは絶対に捨ててはいけない！」と考えた場合、このような結果にはならなかったことでしょう。これだけの規模がある巨大なブランドが、時代を正しく捉えて価値を再定義できたというのは、本当に称賛されるべきことだと思います(注)。

注：ラッキンコーヒーは2020年4月2日、2019年4〜12月末の間に総額22億元、約3.1億米ドルの架空取引などの不正会計があったことを公表し、5月19日、ナスダックから株式上場を廃止するという告知を受けました。全体の売上が約4.1億米ドルであるため、大部分が粉飾であったことになります。事例として取り上げた身としても非常に残念なニュースですし、中国国内でも一部、世界に対する恥だと批判する声が上がっています。実際、登場した2018年当時は話題の作り方、ターゲティングを含めてセンセーショナルでしたし、新たな息吹をもたらしたわけですが、その後は飽きられないように無理やり話題作りをしたり、市場環境が変わる中で価格を安くせざるを得なくなったり、中国市場の急速な変動の中で、どんどん追い込まれていった印象を受けます。その中でスターバックスの復権が彼らを追い詰めたことも、1つの要因と言えるでしょう。

2-6 第2章のまとめ

　第2章では、アフターデジタル型に変化した産業構造において、各レイヤーの先進企業の動きを整理しました。ポイントは4つあります。

（1）最上位に来る決済プラットフォーマーは、「決済機能を提供する」という考え方ではなく、それぞれの企業ミッションと元来のケイパビリティを生かして普及させていった。

（2）購入後に接点を持ちにくいメーカーや成約型ビジネスは、「ペインポイントを解決する便利系サービス」と「ライフスタイルに新しい意味をもたらすサービス」の双方に拡大し、顧客との定常的な接点を持つバリュージャーニーに変化している。

（3）これにより、「何かを購入する」という行動がサービスに埋め込まれ、サービスへのロイヤルティーやその利便性の中で「ついでに購入する」ような行動が当たり前になりつつある。これを「コマースの遍在化」と呼んでいる。

（4）上記のようにメーカーもサービサー化する中、その潮流を捉え、サービサー向けの支援を提供するtoB向けプラットフォームビジネスも生まれている。

　これらから我々が学ぶべき視点は3つあります。

　1 つ目は、自社のポジションや DX における参考にすることです。ペイメントやプラットフォーマーを狙っている場合は「2-2 決済プラットフォーマーの存在意義」を、既にサービスを提供し、サービサー化を狙っている場合は「2-3『売らないメーカー』の脅威」を、toB 向けのビジネスを提供している場合は「2-4 アフターデジタル潮流の裏をかく」が参考になります。

　2 つ目は、他社や社会の変化を捉えることです。「2-4 アフターデジタル潮流の裏をかく」で紹介したように、自社が変わるだけでなく、社会全体の変化の方向性を捉えてそこに陣地を張っていくことも可能ですし、決済プラットフォーマーの現在の動向や必要な考え方を知ることで、今後の動きを読むこともやりやすくなります。

　3 つ目は、スターバックスの事例で示したように、本当に重要なのは社会や市場環境の変化を見極めて、提供価値を見直し、再定義することです。そうすることで、デジタルによる業界破壊への対抗手段になります。**DX を行う企業は、まずシステムの先行導入やビジネスモデルの変更を考えてしまいがちですが、顧客との関係性の変化を捉えて価値を再定義することは何よりも率先して行われるべきである**、という点は重要な示唆になるのではないでしょうか。

　さらに進化し続けるアフターデジタル社会はこのあたりにして、第 3 章からはいよいよ、日本の話に入っていきたいと思います。

誤解だらけの
アフターデジタル

AFTER DIGITAL 2
Liberty & UX Intelligence
YASUFUMI FUJII

3-1 日本はアフターデジタル型産業構造に なるか？

　本章では、「アフターデジタルに対応しよう」「OMOをやろう」という方が陥りがちな思考のミスや、実行時に陥る罠を説明します。第2章で紹介した事例から要点を抽出しながら、実務や研究、議論を通して見つけた「**DX（デジタルトランスフォーメーション）を実践する方が陥りがちな立脚点の間違い**」を解説します。皆さんのビジネスの参考になればと思います。

日本で起こること、起こらないこと

　前著『アフターデジタル』を読んだ方からの質問で多いのは、「中国で起きたこととまったく同じことは、日本では起きないのではないか」です。前著や本書の「まえがき」で書いている通り、日本でまったく同じことがこれから起こるとは思っていません。一方で、デジタルとリアルの使い分けや連携は世界中で見ても中国がおそらく一番上手なので、ビジネスを作る上で大変参考になるのは間違いありません。また、個別の事例ではなく、社会で起きていることとして捉えると、中国と日本の共通項が見えてきます。

　「国家の運営体制」「経済構造」「文化背景」の3点から見ると、日本でも起きそうか起きなさそうかをある程度判別できるでしょう。日本と中国は「1-6 日本社会、変化の兆し」で書いた「ホワイトリストとブラックリスト」という違いがあり、法規制も異なるので、新たなサービスの生まれる速度が違えば、生まれやすさそのものも違います。こ

れは「国家の運営体制」の違いであり、「乗り捨てOKなシェアリング自転車なんて日本では無理」「白タクのサービスなんて国が許してくれない」といった話はここに属します。

　「経済構造」による違いというのは、簡単に言うと貧富の差やその分布を指しています。第1章ではスーパーアプリが中国で成功し、東南アジアで拡大していると書きました。これは銀行口座を持たないアンバンクト（unbanked）と呼ばれる層が一定数いて、その人々に金融機能を提供することで成り立つ側面が大きいと言えます。デリバリー配達においても、安い値段でデリバリーが可能なのは年収100万円もあれば十分に暮らせる環境があることが前提です。また、中国には14億人もの人がいるので、その1％から100円ずつ稼ぐだけで14億円のサービスになりますし、都市部の富裕層に集中してビジネスをしても小国レベルの人数になります。この点を踏まえておく必要があるでしょう。

　「文化背景」というのは、外食文化なのでデリバリーとの親和性が高いとか、コーヒーが多少冷めていてもあまり気にしない、といった基本的な習慣を指しています。外国の事例を見るとき、こうした文化背景を理解するのが一番難しいと思います。例えば第2章で、テンセントが紅包（ホンバオ、またはレッドポケット）というお年玉の風習を使ったゲームでペイメントを一気に普及させた話をしました。ここで重要なのは「ゲームを使ったこと」よりも、「年末の習慣」をゲーム化させたことにあります。こうした文化背景を理解せずに事例を見ると、「なるほど、ゲームで広める手があったか」となり、大切な背景を見逃してしまいます。

グローバルな個別事例を「国家の運営体制」「経済構造」「文化背景」の観点で捉えることで、「同じことが日本で起こり得るのか」「起こるとしたら日本にどのようにしてローカライズするのか」などを考えることができると思います。

　これを踏まえて、ここでは、アフターデジタル型産業構造がそのまま日本に訪れるのかどうかを考えます。

日本と中国における決済プラットフォーマーの違い

　「アフターデジタル型産業構造」とは、頂点に決済プラットフォーマー、その下にサービサー、さらにその下にメーカーが位置します。では、日本でも同様のヒエラルキーになるのでしょうか？　私の考えをまとめておきます。

（1）日本の決済プラットフォーマーは中国の2強ほどは強くならない
　中国は、アリババとテンセントの2大決済プラットフォーマーに牛耳られています。2社は、顧客接点から得られるデータを何に生かし、どうマネタイズするかが明確で、圧倒的な強さを持っています。日本の決済プラットフォーマーも一定の強さを持つと思われますが、中国の2強ほどの力を持つことはないでしょう。

（2）サービサーとメーカーの関係性は日本でも同様になる
　行動データの時代になり、顧客の状況を把握できるプレイヤーが強くなることは間違いありません。従って、サービサーが主、メーカーが従という主従関係は日本でも同様になるでしょう。

　ここで掘り下げたいのは、日本の決済プラットフォーマーです。誰がその座に就くのか、まだまだ分からない状況です。日本ではヤフーとLINEが経営統合する動きとか、通信事業者（NTTドコモやKDDI）がペイメントからスーパーアプリ化を目指して様々な統廃合を行うとか、いろいろな動きがあります。ペイメントに後発で乗り込んだプレイヤーがアセットとビジネスモデルを整え、決済プラットフォーマーになる可能性も十分にあります。

　ただし、どの企業がその地位になったとしても、中国の2強ほどは強くならないと考えています。その理由は、まず、中国には人口が14億人もいて、ネットワーク効果（人数が多いことによって提供価値や効果が増幅すること）がすごく大きく働くことです。5,000万人のユーザーが使うプラットフォームと、5億人が使うプラットフォームでは、参加企業のインセンティブは当然大きく異なります。より多くの企業がよりユーザーの多いプラットフォームに乗ってくるので、ユーザーにとっても選択肢が増え、さらに多くのユーザーが高頻度に使うようになり、すると企業にとってもメリットがさらに増え、といった形で効果が増えていきます。

　これが何を意味しているかというと、「マネタイズは一旦忘れてでもアクティブユーザー（利用し続けているユーザー）を増やすべき」という考えが成立するようになり、足りない資金は投資を集めてでもまかなう、という構造になります。**世界一人口の多い中国は、ネットワーク効果が最も働きやすい国であり、アリババとテンセントはペイメントのレイヤーを取ることでこの構造をうまく利用して成功したという見方ができます。**

アリババとテンセントは、サービサーに投資して自陣営に加えることで、このヒエラルキーをコントロールしているのです。ポイントは2つです。

（1）アリババかテンセントに選ばれれば、10億人を抱えるスーパーアプリの「サードパーティサービス」になれる。サービサーにとっては労せず高頻度接点を得ることができる状況を作った（**図表3-1**）。

（2）アリババとテンセントは既にデータと顧客接点を活用してマネタイズする仕組みを持っているため、それを使ってサービサーのビジネスを大きくすることが可能となる。

図表3-1　サードパーティサービス
左がWeChat、右がアリペイの「サードパーティサービス」の画面。移動や飲食、娯楽に関する自社経済圏のサービスへの入り口が設けられている

　決済プラットフォーマーとしてアフターデジタル型産業構造のトップに立つには、「圧倒的な資金力」と「考え抜かれたUX（ユーザーエクスペリエンス）による圧倒的なユーザー数」の2つの条件が同時に必要になります。双方の条件を持っているアリババとテンセントは、投資提携によって「我々がお金を出して存続させてあげるから、君たちはとにかくユーザーをかき集めてサービスを大きくしなさい。何なら我々のサービスからの入り口も作ってあげましょう」というスタンスを取っているわけです。

　翻って日本のペイメントプレイヤーを見てみると、現状このレイヤーを取ろうと事業を進めているわけですが、以下の点で大きな違いがあります。

- 中国と比べ、人口を背景にしたネットワーク効果が効きにくい。
- 既にサービサーが単独でマネタイズしているケースが中国よりも多い。
- ペイメントサービスが、購買データや接点からマネタイズする機能を持っていないか、機能として弱い。

　キャッシュレス浸透率が十分でない上にペイメント事業者が乱立しているとよくいわれますが、これは時間さえたてば一定の解決が図られます。しかし、上記で書いている3つのうち、1つ目は社会構造上、2つ目は事業環境上成立しにくいです。

　一方で、日本も中国と同様の行動データの時代になり、行動データを駆使して付加価値を高められるプレイヤーが強くなるのは間違いないでしょう。第2章で説明した「コマースの遍在化」のように、商

品を販売する役割の一部をサービサーが持つ時代にもなります。また、日本ではサービサーがマネタイズできているケースも多いため、「メーカーがサービサーの下に隷属される」という構造になるだろうと考えられます。その意味で、モノを生産して売っているだけのプレイヤーにとって変化が迫られることは、グローバル全体で見ても共通で起こることでしょう。

3-2 来るOMO、来ないOMO

2019年に先進的な取り組みを進めようとされた方々は、「OMO」（Online Merges with Offline）という言葉を頻繁に使い始めました。しかし、単純にオンラインとオフラインをつなげただけでOMOと言っているケースや、中国の事例をそのまま転用してOMOと呼んでいるケースも見られ、OMOという言葉が乱用されているのが現状です。

特に社内でOMOという言葉を使う際、認識や理解がずれていては推進できるものもできなくなります。改めてOMOとは何なのか、それが起こった中国の環境とともに振り返り、皆さんのOMO理解の解像度を高めることができればと思います。

OMOの定義と本質

アフターデジタルで伝えているOMOの概念を改めて示します。

「アフターデジタルという社会的な変化に対し、企業は対応をせねばならない。この対応において、成功している企業が共通で持っている思考法のことをOMOと言い、オンラインとオフラインを分けて考えず、一体のジャーニーとして捉える考え方のことである」

　OMOを提唱した李開復（リー・カイフー）氏は、「ピュアなECからO2Oに変わった世界をさらに進化させた次のステップ」と表現しています。「成功企業が持っている思考法」という意味でこの「進化」を捉えると、O2Oとは地続きでない、一線を画した思考法であることが分かります。

　まず、O2Oについて整理しておきましょう。デジタルマーケターの方々が集まる「Web担当者Forum」では、次のように定義されていました。

　（O2Oとは、）ネット上（オンライン）から、ネット外の実地（オフライン）での行動へと促す施策のことや、オンラインでの情報接触行動をもってオフラインでの購買行動に影響を与えるような施策のことを指す。

　O2Oは、考え方そのものが「オンからオフに誘導する」という企業目線であり、基本は購買や成約をゴールとした思考です。一方のOMOは、そもそも「ユーザーはそのとき一番便利な方法を選びたいだけであり、オンラインとオフラインといったチャネル概念で分けていないので、それに合わせてジャーニーで考えよう」という意味合いです。顧客目線をベースにしていますし、オンラインとオフラインのどちらでも選べてそれがつながり合ったジャーニーを目指している点

で、O2Oとは異なります。定常的な体験提供を志向しており、従来型ビジネスを徹底的に「体験提供型」「顧客視点」に書き換えることを意味します。

　以前、以下のような質問を受けました。

「先日、新宿を歩いていたら、近くにあるショッピングモールからメッセージが飛んできて、キャンペーンの情報を受け取ったのですが、これってOMOでしょうか？」

　あなたならどう答えますか？　「それはただの呼び込み施策なのでO2Oでしかない」「リアル行動のデータをうまく使っているという意味では広義でのOMOと言える」など、人によって様々な回答が考えられると思います。

　私は質問してきた人に、まず聞いてみました。

「ユーザーとしてそれが便利だとか、自分に合ったうれしい情報だと感じましたか？」

　するとその方は

「うーん、あまり便利とは思いませんでした。通知が送られただけなので」

とおっしゃるので、私は

「じゃあ、OMOではないですね。まったく顧客目線ではないですから」
と回答しました。ただ単にオンラインとオフラインを融合させればよ
いという考え方は、結局のところ**アフターデジタル時代に必要な視点
に転換していない**ので、**本質を失った「単なるオンラインとオフライン
の連携」**と言わざるを得ません。

　そもそもOMOとは目的ではなく、あくまで顧客提供価値を増幅す
るための考え方です。オンラインとオフライン双方を融通無碍に活用
できるため、価値を最大限に増幅できますが、オンラインだけのほう
が便利であればオンラインで済ませればよいわけで、「OMOをやらね
ば」と先行すると目的不在になってしまいます。どれがOMOなのか、
そうでないのかという無駄な議論の前に、本質的にユーザーの状況に
根差し、ユーザーにベネフィットを提供することを前提とした概念で
あることを、今一度強調できればと思います。

中国のOMOは「やむを得ず」始まった

　こうした本質を踏まえると、中国においても様々な「OMOもどき」
が生まれていることが見えます。ユーザーのベネフィットを一切考え
ず、はやっているので無人コンビニエンスストアをやってみたり、は
やっているのでシェアリングの自転車をやってみたり、といったこと
がたくさん起きていました。そういった事例も情報として日本に輸入
され、「OMOをやろう」と意気込んでいると、「何が日本において意
味がある動きなのか」を見失いがちです。一つひとつの事例に対する
理解の解像度を上げるためにも、なぜ中国において、オンラインがオ
フラインを侵食するような現象が起きたのかを理解することは重要だ
と思います。

中国でOMOが始まり、大きくなった背景は大きく２つあります。

（1）EC化率20％の壁に対する対応としてオフラインに出た。

（2）顧客獲得コストはオンラインよりオフラインのほうが安くなった。

　（1）のEC化率というのは、全購買に占めるECの割合を示しており、実は世界で20％を超えている国は存在しません。中国は20％手前で頭打ちになり、米国は15％の手前で頭打ちになっています。そうした数字を把握している世界的なECプレイヤーは、ビジネスを拡大させるために１国にとどまらずグローバルに展開し、世界中の国の20％（まではいきませんが）を取りに行く戦略を採っています。

　しかし、アリババは違いました。14億人（世界の人口の約５分の１に当たる）もの人が暮らす中国EC市場で圧倒的な存在になったアリババが次に採った作戦は、「14億人の80％を取りに行く」オフライン進出です。

　その１つがモバイルペイメントのアリペイです。アリババの方に聞いたところによると、「ECだけではシニア世代を獲得できなかったが、アリペイを始めてからシニア世代を一気に獲得できた」そうです。

　オフライン進出の代表格であるOMO型スーパー「フーマー」は、2018年に100店舗展開して約2,300億円の売上を獲得しました。十分な黒字を生み出し、その後も展開を進めています。当初は「25〜35歳の既婚女性で、品質や鮮度を優先する人」をメインターゲット

にして都市部の大型店を展開し、それがある程度落ち着くと、次に「30代40代で郊外に住み、生鮮を市場で買う人」をターゲットに「フーマー菜市」という別業態を展開したり、大型店舗が出しにくいエリアには「フーマーミニ」を展開したりしています。聞いた話ですが、シニア層の多いエリアに、現金しか使えないフーマーを出店し、シニア世代が喜々として現金を使って買い物をしているそうです。

　ECプレイヤーであるアリババがこのようにしてオフライン市場に侵食したことで、テンセントをはじめとした他のプレイヤーもオフラインに侵食し始め、大きな潮流になりました。

10億人と接触できるオンラインチャネルはレッドオーシャン

　次に、「(2) 顧客獲得コストはオンラインよりオフラインのほうが安くなった」という、もう 1 つのOMOの背景について説明します。中国は人口が多く国土が広いだけに、10億人と接触が可能なオンラインチャネルは重要度が高く、レッドオーシャン化してしまいました。その結果、業界にもよりますが「オンラインでユーザー 1 人を獲得するために数万円コストを使う」ということも常態化していました。

　そこで、新たなユーザーを獲得するために、オフラインに進出したのです。例えば、「ショッピングモールに化粧品の試供品が入った自動販売機を置き、WeChatやアリペイのアカウントを登録し、会員になることで、安い値段で試供品をもらうことができる」といった施策です。これは、「オンラインでやみくもにプロモーションするよりも、ターゲットになり得る人が多く来訪しそうなモールに自動販売機を置いたほうが目にも触れるしコストも押さえられる」といった考え方か

ら実行されています。

　そもそも、高価な化粧品は試さないとなかなか買わないもので、使ったことがない商品をオンライン購入するケースは多くありません。そこで、リアルに出して試供品に触れてもらうようにしたのです。顧客は簡単に安く試せ、企業は顧客リストを獲得できます。そうした構造を作るには、化粧品業界はうってつけであったとも言えるでしょう。

　日本人が中国へ視察に来てこうした取り組みを見ると、「なんとなくOMOっぽいし、面白いんじゃないか」という理由でまねをしてしまう傾向にありますが、その背景を押さえる必要があります。中国でのこうした事例は、「そのほうが、効率が良いから」「そのほうが、顧客にとってメリットがあり、こちらも儲かるから」といった、切実な理由で実施されているものが多くあります（もちろん、「一旦試しにやってみよう」という高速トライアルであるケースが多いことも付記しておきます）。

フーマーに見る、日本企業の視察の過ち

　「見た目にとらわれ、本質に目がいかない」という意味では、日本のビジネスパーソンによる中国視察において、デジタル先進国である中国に視察に来ているというのに、リアル面だけ見て満足するケースがよくあります。

　今、中国に視察に行くと必ずと言っていいほどアリババのOMO型スーパー「フーマー」を訪れますが、天井に取り付けられたベルトコンベアや、水槽で生きた魚が泳いでいる海鮮売り場にばかり注目し、

アプリを開かずデジタル側の体験を一切経験しない視察もあります。

　フーマーはリアル店舗ですが、オンライン購入の比率が高く、多い店では9割がオンラインです。オフラインの比率は頑張っても4割が限界らしく、オンラインの売上は常にオフラインより大きい状況です。水やトイレットペーパーなどの日用品を買うのに、わざわざ店舗に足を運ぶ必要はないので、作る献立が決まらないから直接食材を見て決めたいとか、海鮮を皆で囲んで食べようといった理由がないと店に行かないというのは、ユーザーの視点から見てもよく分かります。

　実際、フーマーでは、オンラインでの体験が圧倒的です。次のアプリ画面のキャプチャを見ていただくと分かっていただけるかもしれません（**図表3-2**）。

図表3-2　フーマーのアプリ

図表3-2の一番左は専用アプリのトップページです。下にスクロールしていくと、左から２番目の画面が出てきます。ここには家の清掃、ネイルなどの美容サービス、クリーニングサービス、家電の修理、革製品の手入れなど、生鮮とは関係ない、生活における便利なサービスが並んでいます。食材や日用品をいつも購入している、よく知ってる店舗のサービスで、住所を改めて入れる必要もないため、こういった付随サービスを利用するインセンティブが一定数あるそうです。

　このアプリをさらにスクロールしていくと、右から２番目のような画面になり、料理のレシピが表示されます。レシピをタッチすると一番右のような画面になります。この画面の下のほうを見ると、レシピに使われている食材が表示されています。この食材は右下のボタンで一括購入できるので、レシピを見て「この料理にしよう」と決めたら、使用する商品を一括注文できるのです。もちろん、既に家にある食材や調味料がある場合には注文から除外できます。

　店舗ではもっと便利にアプリを使うことができます。フーマーの店舗に行き、例えば旬の商品があったとして、この商品のQRコードを専用アプリで読み込むと、商品の詳細情報やトレーサビリティ（産地や生産者の情報）はもちろんのこと、その食材を使ったレシピが複数出てきます。調理時間や実際に作った人数、評価を見ながら、今日はこれを作ろうと決めたら、あとは「一括購入」のボタンを押して手ぶらで帰り、30分後に家で食材を受け取れます。

　図表3-3は、フーマーのアボカド棚にあるQRコードを読み取って表示された画面です。真ん中の画面の下半分には、このアボカドを使ってできる料理と、その料理の所要時間、作ったことがある人数、お薦

め度が書かれているので、レシピも選びやすいです。フーマーにある
食材のほとんどすべてに、こうしたレシピが5個前後作られています。
そのコンテンツ力もさることながら、食材が売り切れてしまって作れ
ないレシピがあると、それも可視化されるようになるなど、データ管
理も徹底しています。

　「毎日の献立を考えるのが大変」というのは万国共通の悩みです。
献立が思いつかないとき、スーパーに行って特売品や旬のものから献
立を発想するという行為は、日本でも中国でも見られます。フーマー
ではそうした生活のペインポイントに向き合い、レシピを紹介したり、
具材を一括購入したりといったきめ細かいサービスがあるからこそ、
多くのユーザーに使われているのです。

　オンラインとオフラインの融合による便利さはもちろんありますが、
とにかく生活における細かな困りごとを見つけ、それを解決すること
で成功しているという点は、改めて認識しておきたいポイントです。

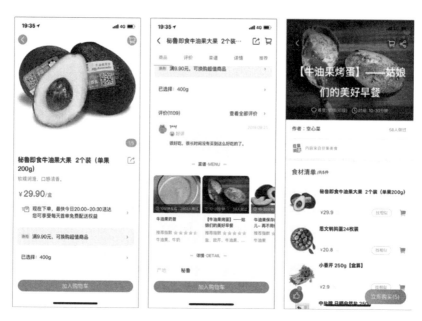

図表3-3　フーマーのアボカド棚にあるQRコードで表示される画面

OMOにおける2つの革命

OMOの事例には、大きく2つの傾向があります。1つは流通革命としてのOMOです。これはユーザーに融通無碍な購買体験を提供するものです。もう1つは接点革命としてのOMOで、こちらは顧客接点を高頻度に持つことで、より顧客理解の解像度を高め、今までできなかった価値を提供するものです。これらを、「発想の転換」と「技術革新」という2つの観点から見ていきます。

流通革命としてのOMOは、フーマー、ラッキンコーヒー、ウーラマのようなデリバリーフード、ディディのようなタクシー配車が該当します。発想の転換として、「ECの倉庫に客を入れる」「コーヒー

が自分のところにやってくる」といった、**オンラインで当たり前といわれることをオフラインに応用するような逆転の発想**が使われています。これを支える技術革新には、**効率化のための技術と、ロジスティクスを支える従業員のパフォーマンスコントロール**が挙げられます。

　そもそもデジタルという環境だからこそ実現できていたことをリアルで無理やり行おうとするので、通常は人的リソースを大量に使いつつ、技術で圧倒的な高効率化を実現しないと難しいです。需給予測によるリソースコントロールや、高効率な配送ルートの自動選出などのAI技術が必須になります。加えて、デリバリー配達員に代表される「業務担当者」の提供品質とモチベーションをコントロールするために、担当者の頑張りや業務実行精度を可視化・評価して「良い品質で頑張れば頑張るほど評価される」という仕組みを提供しながら、ゲーミフィケーションなどを使うことでやる気を鼓舞したり長続きさせたりする、モバイルやセンサーを使った行動把握とUX技術が必須になります。

　接点革命としてのOMOは、平安グッドドクターやNIO、ズールーのように、多様な顧客接点をつなぎ合わせていくモデルが該当します。発想の転換として、「**リアル接点を軸に、デジタルをツール的に扱う**」という従来型から、「**デジタル接点を軸に、ユーザーの状況を捉え、リアル接点をツール的に扱う**」という考え方に変化していると言えます。平安グッドドクターでは、日常的に高頻度な接点を取りながら、商品ニーズや信頼獲得のフラグが立ったら、来店を促したり、電話をかけて話を聞いたり、営業担当者が訪問したりしています。これを支える技術革新として、データを保持する際、購入や成約などのコンバージョンをゴールとしたファネル型のデータではなく、ユーザーとの関係構

築や状況の可視化を目的とした、IDベースのシーケンスデータとして保管される必要があります。ユーザー行動がデジタル接点、リアル接点共にタイムライン上に並ぶ[注]ことで、ユーザー行動の文脈を把握し、適切に手を打つことが可能になります。

注：前著『アフターデジタル』で書いた平安保険のLCCH（Life Customer Contact History）という社内の顧客管理システムがこれに当たります。

3-3 「デジタル注力」の落とし穴

ハイタッチ、ロータッチ、テックタッチの違い

なぜ、こんなにも日本企業のデジタル対応が遅いのでしょうか。日本と中国を比較すると、「圧倒的にデジタルの強みと弱みの理解が深い」というのが中国先進企業への印象です。デジタルを妄信したり、デジタルだけ切り離したりすることがあまりなく、強みと弱みを理解して補いながら実行しているように見えるのです。

OMOを語る際、オンラインとオフラインを統合する、融合させる、とは便宜上言っていますが、「違いはない」と言っているわけではもちろんありません。先進事例を読み解くと、前著でも取り上げた、カスタマーサクセス理論のタッチポイントに関する考え方をうまく活用していることが分かります（**図表3-4**）。

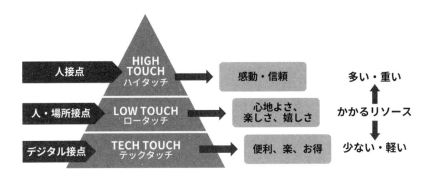

図表3-4　カスタマーサクセス理論のタッチポイント

　図表3-4の三角形は、顧客接点を３つに分類したものです。

ハイタッチ
　１対１の接点で、訪問、相談などの個別対応。

ロータッチ
　１対多の接点で、リアルで複数人に対応するワークショップやイベントなど。

テックタッチ
　１対無限の接点で、オンラインコンテンツやメールなど、量産可能でいつでもどこでも触れられるもの。

　例えば店舗での接客を考えた場合、マニュアル通りのテンプレート対応をしているときはロータッチと言えますが、お客様の名前を覚えてその人に対応した接客をする場合はハイタッチと言えるでしょう。それぞれの接点が得意とする提供価値は異なっていて、ハイタッチで

は信頼を獲得したり、感動を提供したりできますし、ロータッチは快適さや楽しさ、学びにおける深い理解などを提供できます。テックタッチは速さやお得さ、便利さの提供を得意としています。ハイ側に行けば行くほどリソース・人的コストがかかる、という構造になっています。

　この構造を日本のデジタル対応に照らし合わせたとき、よくある２つの過ちがあります。

　１つ目は、ハイタッチ、ロータッチが強い大企業が、「デジタルをやらねばならない」と思い込み、ハイタッチやロータッチの事業部門から協力が得られずに、テックタッチに閉じた事業や施策を実行するケースです。テックタッチだけで勝負してしまうと、プラットフォーマーやデジタル企業のほうがどう考えても強いにもかかわらず、「デジタルをやる」ことが先行してしまった結果、**デジタルに閉じてしまい、ハイタッチ・ロータッチで自分たちが持っている強みをデジタルで生かすことができず、ユーザーから見て大して価値のないものになってしまう事態**がよく見られます。

　２つ目は、リアル接点でデジタルを活用するが、デジタルの強みを十分に活用できていないケースです。例えば「会員カードをデジタル化する」といった施策がこれに当たります。顧客が店舗に来たタイミングでデータを取ることができ、プッシュで通知することも可能で、一定数のユーザーにとってベネフィットもある施策だと思いますが、店舗に行ったときにアプリを開くだけでそれ以外のタイミングではアプリを開かないため、せっかくデジタルを導入したのに接点の頻度が増えないのです。テックタッチはリソースがかからない分、高頻度な

接点として生かすことを考えねばなりません。

学ぶべきは「接点をつなぐループ」

　既にお伝えしている事例の中には、テックタッチとハイタッチ・ロータッチをつなぎ合わせてシナジーを作っている例があります。

　まず、前著で詳しく解説した平安グッドドクターの例です。ハイタッチで保険の営業担当者が直接訪問して対面でユーザーに話しかけ、信頼を構築した上で、アプリの使い方を丁寧に教えることで、カスタマージャーニーにオンボードさせます。このオンボーディングによって、テックタッチである「アプリ」を顧客が常日頃使うようになると、「この人はがんに興味がある」「小さい子供がいる」「運動に興味がある」といったその人に関する情報がたまっていきます。たまってきたデータを基に、再度営業担当者ががん保険の説明をしに行ったり、子供と運動するヘルスケア系のイベントに招待したり、といった形で、さらにハイタッチやロータッチに誘導します。ハイタッチ、ロータッチというリアル体験で新たなベネフィットを提示されると、よりロイヤルティーが高まってアプリを引き続き利用したり、新たな機能を使い始めたりします。

　本書で紹介したNIOも同様です。NIO HOUSEのイベントに行くと、店舗スタッフや参加している他のNIOユーザーと仲良くなり、アプリに戻ってその人の投稿やステータスを見に行きます。友達登録やその人の記事をSNSでシェアすることでポイントがたまっていくのでアプリ上でできることが増え、するとイベント情報も以前より見るようになって、店舗のイベントに行くとアプリで見た投稿が話のタネになっ

て盛り上がり、新たな友達ができるので、またアプリに戻ってできることが増えていきます。新しいモデルの車が出るときには、アプリ上で新車に興味を持っていそうな行動を取っている人に試乗のお誘いも届きます。

　ハイタッチ、ロータッチで得られた信頼や関係性を、テックタッチでの高頻度な行動に還元し、テックタッチで得られたユーザー行動を基に、再度ハイタッチやロータッチに誘導したり、別のアクションをお勧めしたりしています。このように、**デジタルとリアルの接点におけるそれぞれの強みと弱みを使って、相互に行き来できるようなUXを作っていくことで**、ジャーニーとしてつながっていき、ユーザーが使い続けてくれるようなサービスになっていくわけです。中国の事例は、ブランド力や商品力においては米国や日本に劣ることがまだまだ多い一方、このようにデジタルとリアルの強みを理解してつなぎ合わせるUX作りは世界トップとも言えるほど強いため、参考にすることをお勧めします。

▌3-4 データエコシステムと　　データ売買の幻想

　アフターデジタルにおいて、最も興味を持たれやすいことの一つに、「いかに行動データを取得するか」という問いがあります。とりわけ、いかにデータを牛耳ることが可能か、という話になることが多く、以下のような質問をもらいます。

- どうやって顧客の行動データを全方位で取っていくのか。
- データエコシステムを作るならどこと組めばいいのか。
- １社で持っているデータでは意味がないのか。

　これらの質問に、私の経験を基にお答えしたいと思います。

「データは財産」という幻想

　一時期、私は「生体データプラットフォーム」のプロジェクトに関わっていました。ウェアラブルデバイスから取得した生体データを使ってデータ共有エコシステムを作り、エコシステム内の企業は、取得したデータを取り出して使うことができ、生体データを販売することも可能にするビジネスモデルでした。

　当時、データに対しての理解が浅かった私は、このビジネスモデルを実現させるべく、杭州にあるアリババ社を訪問しました。これまで何度か議論や相談をしている、インターナショナル・ユーザー・エクスペリエンス・デザインの元責任者であるポール氏に会い、「ビジネスプランを説明するので、意見やフィードバックが欲しい。もし良いプランなら乗っていただきたい」と伝え、話を聞いてもらいました。

　すると、険しい顔をしたポール氏は、このように言いました。

「藤井さんが考えている、データエコシステムとか、データの売買という考えは、すべて幻想だよ」

　何も言えなくなった私に向かって、彼は、次のように長く語ってく

れました。

「データに関しては、おそらく中国で一番研究し、様々なことを試してきたけど、**データはソリューションにしないとお金にならないんだ**。例えば『10社でデータエコシステムを作ろう』となったとして、すべての企業においてデータの形が違う。姓と名の間にスペースがあるかないかだけで、もうデータは突合できなくなってしまうので、突合のためにはどこかが主導してすべてのデータを整理し、そろえなければならない。それには膨大な時間とお金がかかるので、誰もやりたがらずに終わってしまうんだよ」

「そのデータも、ただきれいにそろえただけでは、どうやって使うか分からないので、お金を使うだけ使ったとしても、あんまり意味を持たない。データとはその解釈とセットでないと意味を持たないし、お金にならないんだ」

「ECのデータなら、買った・買ってない、閲覧した・閲覧してない、といったデータだからまだ活用余地を見いだしやすいし、アリババはそれをマーケティングソリューションにして売っている。『どんなデータの活用価値が高いのか』をトライアンドエラーしながら判断しているし、そのために傘下に加えた企業の持つデータをアリババのデータとして使えるようにクリーニングし、突合している。これはソリューションをより豊かにするために必要なデータを把握した上で、アリババ主導でやっているからできることなんだ」

「しかも藤井さんが言っているのは生体データだから、買った・買ってないのような単純なイエス・ノーのデータではなくて、波形データ

だよね？　そうすると、そんな生データをもらったところで、誰も解釈ができないよ。皆、そのデータが何に使えるのかというベネフィットが分からないと、わざわざデータを買ったり使ったりしてくれないし、ベネフィットが分かってもデータの値付けはかなり難しいよ。というか、単一のデータではあまり意味がないので、とても安いものにしかならない。なので、この企画は、どのような人に、どのようなベネフィットを提供するのかを考え、ソリューション化することを先にやらないとダメなんじゃないかな」

データは意外とお金にならない

　アリババのポール氏の発言から改めて社会に起きていることを俯瞰してみると、すべての行動データの可視化が可能になり、つなぎ合わせることでできることは変わります。しかし、**すべての生活を網羅するような広範囲な形で他社と共有してソリューション化するのは、実際には中国においてもアリババ程度しか実現できていません。**

　そもそも、ペイメントデータや行動データを「直接的に」マネタイズに使おうとすると、方法は限られます。現状の事例から整理すると次に示す3パターン程度しかありません。

（1）マーケティング・広告に活用する
　「この人はどのあたりで何をいつ頃買っている」という情報から、マーケティングソリューションを企業向けに提供して、そのソリューションフィーで稼ぐことができます。例えばアリババは、ECのシェアを半分以上押さえているため、ウェブ上での購買行動データも潤沢に持っています。モバイルペイメントのシェアも半分以上持っています。「リ

アルで消費された行動」のほうをより参考にしたいという企業もあるので、リアルとデジタル双方を合わせた消費行動を基にマーケティングしたい、という企業にはより高いソリューションを販売できます。

(2) 金融に活用する

どれくらいの支払い能力があり、どのような消費行動を取るのかが分かることで、主に個人向け融資の与信管理効率が良くなります。これによって明らかになった「信用度」を別の企業に展開して活用することで、他社もそれに依拠してサービス展開できる「信用スコアプラットフォーム」になり、ソリューションとしてのマネタイズも可能になります。

(3) インフラに活用する

人の動きのデータを活用し、交通や医療の効率を向上させることで、それ自体でのマネタイズは難しいが、スマートシティに対する投資や管理費用として、国、自治体、エンタープライズからのマネタイズが可能になります。

アリババはマーケティング・広告による売上が全体の8割以上あり、「アリクラウド」はスマートシティに注力しています。金融は中国最大のユニコーンである「アントフィナンシャル」でカバーしているため、上記3つのパターンをすべて強力なアセットとして所持しており、データが生まれれば生まれるほどマネタイズが可能なモデルを作っていると言えます。

一方のテンセントは、5.5割の売上はゲームによる収入です。2.5割がマーケティング・広告・その他サービスフィー（行動データをベー

スにしたソリューションの割合は不明だが、多くはない）で、残りの2割が金融です。データを活用したマネタイズは主に金融によって実現されているため、データによってマネタイズしているというよりは、「ゲームをはじめコンテンツを作って儲けている会社」と言えます。

　データの突合という観点の場合、自社経済圏に数百という企業を抱えるアリババのすべてのデータがつながっているわけではありません。**図表3-5**はアリババの事業構造を示しています。左下「ローカルサービス」と右上「デジタルエンターテインメント」には、ECとは直接関係のない多様なサービスが含まれています。ローカルサービスには、デリバリーフード、映画や演劇の予約、食べログのようなレストラン検索、旅行。デジタルエンターテインメントには、Twitter的なSNSであるウェイボーや映像メディア、音楽メディアが含まれます。

アリババがデータを統合管理する際の対象サービス群

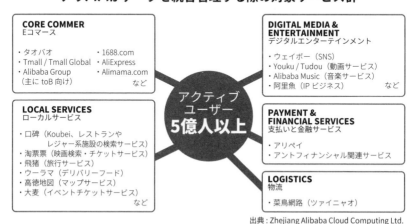

出典：Zhejiang Alibaba Cloud Computing Ltd.

図表3-5　アリババの事業構造

この中でデータをつなげているのは「ローカルサービス」くらいです。このサービスは「マーケティング・広告活用において顧客を理解するための重要なサービスであるため、アリババ主導でデータを突合すると決めているもの」に当たります。

　実際にはこれらのサービスも刻一刻と変わっているため、トライアンドエラーしながらデータ共有対象に入れたり外したりしているはずです。改めて、ポール氏の言うように、特定ソリューションのためにデータを突合させて初めて意味を成し、自社の目的に合わせて1社が主導しながらリアルタイムで運用しているわけです。

ペイメントがもたらす利益とは

　では、アリババほど包括的なデータ活用ができないテンセントは、なぜペイメントに乗り出したのでしょうか。これは、「顧客のタイムシェアと接点頻度を重視する」という戦略に基づきます。**図表3-6**のグラフを見ていただくとよく分かります。

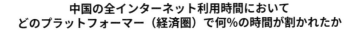

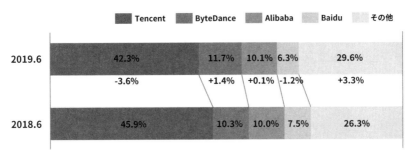

出典：QuestMobile TRUTH中国移動互聯網数據庫 2019年6月

図表3-6　中国全インターネット利用時間のプラットフォーマー比率

　このグラフは、「中国の全インターネット利用時間において、どの
プラットフォーマー（経済圏）で何％の時間が割かれたか」を示して
います。左から、テンセント系、バイトダンス系、アリババ系、バイ
ドゥ系、その他、となっています。このグラフからはっきり読み取れ
ることは、テンセント経済圏が圧倒的であることです。テンセントは
コミュニケーションやゲームが強く、アリババはECに強いので、サー
ビス特性から考えれば当然の結果ですが、テンセントが「離れられな
いサービス」を目指していることがよく分かるグラフになっています。

　テンセントがペイメントを取りに行った目的は２つあります。

　１つ目は、アリババに対するカウンターです。もともと、１日に
50回近く開かれるコミュニケーションアプリであるWeChatは、ペイ
メントという高頻度で日常的な利用を皮切りに、**アリババにユーザー
のタイムシェアを奪われることを恐れていた**ことが挙げられます。

2つ目は、ペイメントによって「ミニプログラム」という武器を得ることです（「2-4 アフターデジタル潮流の裏をかく」参照）。ミニプログラムは「ユーザー数、頻度、時間として圧倒的に利用されている顧客接点であること」と、「ペイメントの機能を持っていること」によって、マネタイズ可能なtoB向けビジネスになります。仮にペイメント機能がなければ、前述した「個人が経営しているコーヒーショップのピックアップシステム」で簡単に支払いを完了させることも、「コンビニエンスストア用スマホレジアプリ」で、スマートフォンだけで会計を完了することもできなかったでしょう。**行動データの取得ではなく、ペイメントを機能として得ることで、ミニプログラムで提供できるソリューションの幅を広げることを可能にした**、という意味で重要な役割を果たしています。

　ペイメント由来のデータでマネタイズするアリババと、直接的なマネタイズは難しいものの、ユーザーを囲い込むことで別のビジネスにつなげていくテンセント。それぞれのペイメントの役割や活用の仕方が異なることが分かっていただけたでしょうか。

▍3-5　個社で持つデータにこそ意味がある

自社の持つ行動データにフォーカスすべし

　ここまでの話から日本を翻って見てみると、前節の序盤に書いた「いかにデータを牛耳ることが可能か」という言葉自体が、本末転倒で、様々な幻想に満ちたものかが見えてきます。ありがちな幻想と現

実を以下に対比してみます。

【幻想】保持しているデータそのものが財産だと思っている。

【現実】ソリューション化して活用できないと、持っていても意味が
ない（漏洩リスクと管理コストのみが発生する）。

【幻想】社会レベルでの共有、または、他社とのエコシステムによっ
てビッグデータ活用できると思っている。

【現実】データ突合には「目的設定の主導権争いとコストの壁」が立ち
はだかり、1社が目的を持って主導しないと実現は難しい。

【幻想】ペイメントデータさえ取れれば勝ちだと考える。

【現実】ペイメントデータで直接的にマネタイズする方法は限られ、
ビジネスとビジョンに基づいた目的設定が重要である。

　なお、社会レベルでのデータ共有に関しては、「1-2 アジアに学ぶ
スーパーアプリ」に書いた中国やインドのGaaSのように、社会管理目
的であれば効果がありますし、政府主導であれば実現は可能でしょう。
ただし仮に政府主導であっても、データ共有の枠組みを決めることで
仕組みが固定化し、新たなビジネスを作りにくくなってしまうため、
変化が速くイノベーションを起こすべき領域においては市場原理に任
せるべきと考えるのが通例でしょう。

　では、マネタイズも容易ではなく、包括的にデータを牛耳ることも
難しいのであれば、「行動データを活用する」とはどういうことなの
でしょうか。ここで「エクスペリエンス×行動データのループ」が改
めて重要になります。行動データをそのままお金儲けに使おうとする

とユーザーにとって不義理な事態になりやすく、信頼関係を失ってしまいますが、UXに還元することでユーザーの信頼を獲得でき、長くそのサービスを使ってくれるようになっていきます。

「エクスペリエンス×行動データのループ」を実現するに当たっては、個社で持っているデータだけでも十分であることが、様々な事例から見て取れます。平安グッドドクターやディディのデータ活用は、自社に限られたデータのみを活用してUXを高め、そこからビジネスにつなげている好例と言えるでしょう。

行動データを活用してUXをより良くしていくには、大きく分けて「①ユーザー側の体験向上」「②ビジネスプロセス側の効率向上」「③双方を助ける付加価値」の３つのパターンがあります。順番に説明します。

行動データのUX活用①　ユーザー側の体験向上

タイミング、コンテンツ、コミュニケーションを最適化した価値提供です。

ありがちな思考として「データを持つことで、ユーザーは何が欲しいのかもっと分かり、あんなものもこんなものも売れるようになるし、広告もできるようになる」と思ってしまう傾向があります。その通りではあるのですが、これは「商品を売る」ことにしか思考が及んでおらず、コンテンツ＝商品だと考えてしまうビフォアデジタル的なマッチングです。

　商品販売はお金を稼ぐために重要で悪いことではありませんが、ここでの「価値提供」はもっと広範囲です。より高い価値や利便性を提供したり、ユーザーの行動や意思決定を促したり、支援したり、新たな選択肢を提示したり、と、ユーザーにとってのベネフィットを優先する考え方であることを強調しておきます。

　行動データを使ったユーザーへの価値提供は、あくまで「顧客の状況理解の解像度を上げること」に利用されるにすぎませんが、タイミングを把握し、行動における場所や時間が分かることで、Amazonなどの EC でイメージされる通常のマッチングやレコメンドよりも多様かつ高い精度で価値提供ができます。

　タクシー配車サービスのディディでの私の経験をお話ししましょう。私が日系企業向けに上海視察を行う際、オフィスとは違う場所にある会議室を使います。視察の初日18時から19時の時間は、会議室を出てフーマーに移動して視察します。月に１、２回そのような行動を繰り返していると、移動しようとディディのアプリを開くと、一番上に「フーマー」が出てきます。ところが同じ平日18時台であっても、オフィスからディディを使おうとすると、行きつけの居酒屋や中華料理店が頻度の高い順に表示されます。曜日、時間、利用している場所（GPSで判別）を基に、よく行く先を表示してくれるのです。この利便性からディディ以外のタクシーサービスはほとんど使っていません。これは、場所や時間を使った価値提供と言えるでしょう。

　平安保険では、顧客の行動データを時系列で管理し、顧客の状況に応じて営業担当者やコールセンターを動かしています。ユーザーがアプリ上でがんに関わるコンテンツを見ていたら、営業担当者に「がん

保険の営業に行くように」との指示がいきます。また、自然災害があり、その地域に住んでいる人が請求できる保険に入っていた場合、「もし災害で損失があったら保険金請求できますよ」とリマインドコールをすることも可能です。なお、このときに顧客の生涯価値、つまり、現在ではなく生涯を通してその顧客がどれくらい平安保険にとって大事な（お金を出してくれる）ユーザーなのかが可視化されており、こうした連絡においても優先度がつけられているそうです。

行動データのUX活用②　ビジネスプロセス側の効率向上

　次は、ビジネスオペレーションの品質改善における行動データの活用です。中国の安価な労働力を使うと、サボられたり、成果や結果を偽られたりすることは日常茶飯事なのですが、デジタルで行動を可視化することで、非生産的な労働をなくすことができます。そうした管理や監視のために行動データが使われています。

　ディディの仕組みが分かりやすいでしょう（前著『アフターデジタル』にて詳述しています）。通常のタクシー配車アプリは、ドライバーとユーザーの相互評価なので、中国では賄賂を贈って高評価をもらうといった不正な評価が横行してしまいます。これを踏まえてディディでは、主観的な相互評価だけではなく、ユーザーの配車リクエストへのレスポンスの速さ、受けた配車に対してのキャンセル有無、移動時のスピード、急ブレーキや急発進など危ない運転をしていないか、といった行動を見ることによって、ドライバーの品質を評価するようにしました。ドライバーは配車中、ずっとドライバー専用アプリを開いておかないといけないので、専用アプリからGPSで移動速度を読み取り、ジャイロセンサーから急ブレーキ・急発進の有無を判別しています。

　これらを明確にドライバーに伝え、順守すればスコアがたまって
いってグレードが上がるため、「給料を上げようと頑張れば頑張るほ
ど、UX が良くなっていく」という仕組みを作っています。まさに、
行動データを活用した業務・サービスの品質改善と言えるでしょう。
こういった業務管理や業務指示は、デリバリーやフーマーのピッキン
グなどに取り入れられています。

　他にも、アリババの toB 向け SaaS「ディントーク」（釘釘、DingTalk）
に備わる営業管理機能には、いわゆる空アポができない仕組みが備
わっています。空アポとは、本当はアポイントメントがないのに訪問
予定を入れることで仕事をサボることです。ディントークの機能で
は、訪問開始時に「今から営業訪問を開始する」というボタンを押す
ようになっているのですが、そのボタンは訪問先の場所の周辺数百
メートルにいないと押せないようになっています。

　起きている事象自体は、日本国内ではあまり活用余地はないかもし
れませんが、場所や時間のデータを使って成果を可視化するという意
味では参考になります。

行動データの UX 活用③　双方を助ける付加価値

　3 つ目は、「ゲーム的に楽しめる仕組みを使って利用意欲を高める」
ために行動データを使う方法です。日本でも「ゲーミフィケーショ
ン」という言葉でかなり前から取り入れられています。これをさらに
行動データで強化し、本当にゲームのように楽しめる仕組みが取り入
れられています。

例えば、先ほど例に挙げたディディの仕組みは、ややもすると「管理されている抑圧感からモチベーションが下がる」ことも考えられます。そこでドライバー専用アプリの中で、まるでRPGゲームのレベルや経験値のように、自分の現在のスコアや今日の配車状況がリアルタイムに可視化されているのです。それを見ることで、「今日は目標まであと少し頑張ろう」「やった！スコアが上がった！」と感じ、SNS機能もあるので、そこにドライバーが今日の出来事やティップスを投稿して「いいね」を付け合うなどモチベーションアップの仕組みを取り入れています（前著『アフターデジタル』にて詳述）。

　ディディのデザインとクリエイティブの責任者である程峰氏によると、「いかにドライバーと乗客が冷たい関係にならず、ドライバーが尊重されている感覚になるか」を大事にしているそうです。その例として、ユーザーからドライバーにお礼が送れるようになっています。私も実際、対応も丁寧で意外なルートで早く到着できたとき、そのドライバーにお礼として10元ほど送ったことがあります。

　配車のドライバーが決まってから実際に車が到着するまで、ドライバーとチャットでコミュニケーションを取ります。そのとき、基本は定型文なのですが、「急いで向かいます！今日は寒いので、温かい所で待っておいてくださいね」とか、「あけましておめでとうございます！今から向かいます！」といった形で状況や季節を踏まえた細やかな気遣いを入れてくれると、少し温かい気持ちになります。

　ディディの例は業務側ですが、ユーザー側でも同様のゲーム化が行われています。代表例は、アリババの信用スコア「ジーマクレジット」（芝麻信用）です。日本では「アリババのやっている信用スコアという

ものがあり、人の行動を評価していて、管理社会の温床である」とい
う論調がありますが、これにはいくつかの誤解が含まれています。ア
リババのジーマクレジットと国が管理しているスコアは別物で、連携
していません。

　ジーマクレジットは、ポイントが著しく下がることはあまりなく、
条件を満たしていくと加点式で上がっていきます。イメージとしては
アリババのVIPスコアで、「アリババ経済圏で優秀なユーザーになる
と、現実で使える魔法が増える」と考えればよいと思います。与えら
れたタスクを消化し、アリババでの活動を増やしていくことでメリッ
トが得られていく一種のゲーム的な楽しさがあるわけです。

　このように、行動データの利活用事例は既にある程度パターン化で
きます。世の中にある様々なデータを取りに行けばそれが財産となる
といった幻想を追わず、自社が抱えるファーストパーティデータ(注)
を使って、とにかくUXの改善に使うことです。それが、本質的なデー
タ活用です。

注：特定目的での利用について、既にユーザーから直接承認が得られているデータ。

3-6　DXの目的は「新たなUXの提供」

真に顧客提供価値勝負の時代

　これまでの話を、DXの文脈に落とし込みたいと思います。

アフターデジタルで提唱している「あるべきDX」とは、

「デジタルとリアルが融合することで膨大で高頻度な行動データを使い、企業競争の原理が商品販売型から体験提供型になる、つまりバリュージャーニーを作って運用していくことを踏まえ、新たな顧客との関係性とはどのようなものであり、どのような体験を提供する存在になるべきなのかを考える活動である」

と捉えています。これはつまり、**UXの変革を中心に置かないDXは中身のない変革になりがちである**と言えるでしょう。

　アフターデジタルという概念の本質は、「真に顧客提供価値で勝負すること」だと思います。例えば自動車を購入するシーンを想定すると、以前は選択肢が限られ、テレビCMや新聞広告、ディーラーのお薦めによって限られた選択肢から選ばされるような時代であり、利用形態も「所有する」以外にはレンタカーくらいしかありませんでした。しかし現在は、所有するだけでなく利用のみをするシェアリングや、借りて使うリースのような利用形態が出てきた上に、インターネットで調べれば、ユーザーへの不義理な行動はすべて伝わってしまう透明性の高い時代になっています。これによって、「ユーザーが大量の選択肢とともに、選択権を得た時代」が到来しています。

　読者の皆さん自身の日常生活を考えてみてください。サービスを選んだり使い続けたりする際の基準は、「テクノロジー導入度」でも「OMO展開度」でもなく、「便利か、好きか、ベネフィットを感じるか」といった体験品質ではないでしょうか。で、あるからこそ、テクノロジーにしても、OMOにしても、「先に顧客の状況を捉え、提供する価

値を決め、その価値をどのようにテクノロジーや、リアルとデジタル
の融合によってエンハンスするのか」という思考の順になってしかる
べきでしょう。

　一見当たり前のことを言っているように思うかもしれませんが、「体
験提供の時代」だからこそ、この顧客提供価値を分かりやすく定義で
きるかどうかが重要になります。製品を作ってECなどの販売チャネル
を通してリリースすれば後は回るという時代であれば、提供価値定義
の重要性はそこまで高くありません。商品を企画した人たちの中でそ
うした価値が作り込まれていれば、あとは物自体が価値を持つからで
す。しかし、体験提供型ビジネス＝バリュージャーニー型のビジネス
を作り、運用していく場合はそういうわけにはいきません。

　バリュージャーニー型ビジネスとは、多様な接点をジャーニーとし
てつなげる「時間軸を持つビジネス」です。そのため、マーケティン
グ、リアル接点、デジタル接点など、多くのメンバーが関わることに
なります。メンバー間で認識している提供価値がバラバラだと、サー
ビスの説明が統一されず、コールセンターとECと店舗で違う説明を
してしまうかもしれません。そうなるとユーザーから見たときに一貫
性がないように感じられます。ユーザーから見た体験や価値がいつも
そろっているためには、提供価値を分かりやすく定義した上で、そこ
に携わる企業側のメンバーがそれぞれで正しく認識し、解釈をして動
ける状態にする必要があります。

　今まで以上に顧客提供価値の定義が重要です。それは「2-5『価値
の再定義』が成否を分ける　続・ラッキンコーヒー VS スターバック
ス」からも読み取れます。

UXへの注力なきDX

　一方で、日本におけるDXは「デジタルを導入せよ（＝多くの場合、意味としてはAIやデータを活用せよと同義）」という命令が出てしまい、この「顧客提供価値をアフターデジタル社会に照らし合わせて再定義する」という大上段の議論が抜けがちです。「**ユーザーにどのようなUXを提供するのか**」を考える前に、**業務や人事のデジタル化を先に行ってしまうことが多い状況**だと言えます。

　実際に私がDXのご支援をする中でも、「アフターデジタルに対応するために、顧客提供価値、カスタマージャーニー、ビジネスモデルを一緒に考えてください」と言われることがあります。このときに私が「実際のユーザーに触れてユーザーの状況を理解することと、顧客提供価値とジャーニーを検証することは、どのタイミングで行いましょうか？」と質問すると、「確かにそれもやってもいいかもしれないがどちらでも構わない」と言われることがかなりの確率で発生します。

　多くの場合、ユーザーが今どのように企業に触れていて、何を価値だと捉え、何に困っているのかが分かっていません。にもかかわらず、なるべく未来的で大きな絵を描くことを優先し、**ユーザーの状況理解とそこに提供するべきUXの企画がないまま、DXを進めようとしてしまっている**のです。

　現在の日本において、UXという言葉はUI（ユーザーインターフェース、つまりはアプリやウェブの画面上のデザインや使いやすさ）と一緒に使われてしまい、なかなか経営レベルで語られることはありません。しかし、GAFAやアリババ、テンセントでは、UXの設計がビジネ

スのすべてを決めるといっても過言ではないことが理解され、経営レベルでUXが語られます。なぜなら、**UXとは「ユーザー（デザイン）、ビジネス、テクノロジー（機能）の3つがそれぞれ関わり合うときに生まれる体験・経験」**であると捉えているからです。体験提供型のプレイヤーであるために、いかに高頻度で長く使ってもらえるかがビジネスのすべてを決めると理解しているからです。

これまでは、リアルの接点でユーザーの行動を把握し、その行動をコントロールすることは難しい状態でした。デジタルとリアルが融合すると、リアルであっても「オンラインリアル」になってきて境目がなくなります。そうなると、リアルでの動きが想定した通りなのかどうかを検証して改善することが可能になります。さらに、モノが購入されたらOKなわけではなく、購入されたモノが使われ続けているのか、問題はないのか、付随サービスにまで手は伸びているのか、などを把握・検証し、改善できるのです。

DXでは2つの変化が語られます。1つは、「顧客との関係性を新たにする」ことから生まれる提供価値やビジネスモデルの変化。もう1つは、コストや生産性の効率・パフォーマンスを高めるための変化です。前者なしでは後者の最適解は分かりません。UXは、DXの最重要トピックであると考える必要があるのではないでしょうか。

3-7 第3章のまとめ

　第3章では、アフターデジタル時代に合わせた新しいUXを作ることこそがDXの目的であり、新たな顧客提供価値も見定めずに、仕組みやシステムのみをDXしようとしても意味がないことを大前提としながら、様々な「ビフォアデジタル的立脚点」を指摘しました。

　説明したことをまとめると以下のようになります。

（1）データエコシステムやデータ売買を中心に置いた「実現性の見えない大きな絵」ばかりを描かないように、データ活用や共有の幻想を解く必要がある。

（2）「デジタル」という手段にととらわれ過ぎず、デジタルとリアルの強みと弱みを正しく捉え、つなぎ合わせることで顧客との新たな関係を作っていくことにOMOの本質がある。

（3）「広範囲なデータでいかにマネタイズできるか」ではなく、「個社で取得できる行動データをいかにUXに活用するか」が鍵となる。

UXインテリジェンス
今私たちが持つべき精神とケイパビリティ

AFTER DIGITAL 2
Liberty & UX Intelligence
YASUFUMI FUJII

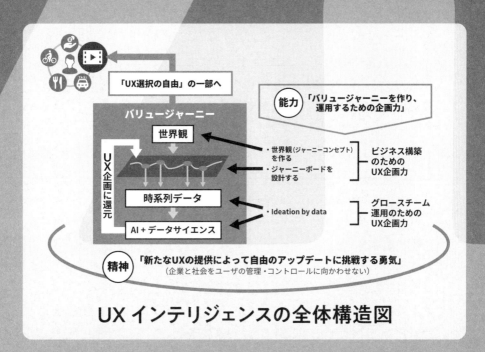

UXインテリジェンスの全体構造図

4-1 より良い未来、
社会を作っていくための提起

　前章までで、世界のアフターデジタル的先進環境を再確認し、そうした環境で生き抜く企業の対応を見渡し、日本が追いつくに当たって溝となってしまっている「よくある誤解や勘違い」の一つひとつを確認しました。つまり、事実をベースに過去を解釈してきたのがこれまでの章でした。

　第4章は未来に向けた日本企業への提案になります。前章までの**「事実をベースにした世界と日本の違い」**に対し、**「私たちがより良い未来、社会を作っていくための提起」**をしていきます。

　本書では、DX（デジタルトランスフォーメーション）のあるべき姿を描いています。それは社会のデジタル化への対応、人々の生活のデジタル化への対応であるのと同時に、企業のデジタル化によって社会がどのように変化し、人々の生活がいかに変わっていくかを描くことでもあります。

　デジタル先進国である中国は監視社会の様相も呈しています。これを認めたり推奨したりすることは決してあってはならないと思いますが、一方で中国企業は「ユーザーに不義理なことをしない」「データを持っていることは責任であり、社会貢献に還元する」というマインドセットを持っています。その結果、劇的な進化を遂げ、以前と比べて人々にとって善い社会になったようにも思えます。

　本章ではまず、視点を社会レベルに上げ、現在の社会の可能性や自分たちの強さを再確認してから、どのように対応していけばよいのかを説明していきたいと思います。前半の4-2、4-3、4-4は、「ディストピアではなく、より良いアフターデジタル社会をどのように作っていけばいいのか」という提起、4-5以降は実践を見据えて、よりプラクティカルな「考え方と方法論」を提示します[注]。

注：4-2～4-4は内容が少し難しい部分もあります。分からない、先に内容をざっと
　　把握したい、という方は、以下のURLまたはQRコードにある映像をご覧ください。
　　https://bit.ly/AFTERDIGITAL_2_Movies

▍4-2　人がその時々で
　　　　自分らしいUXを選べる社会へ

2種類の「自由」

　中国と環境の異なる日本は、どのようなアフターデジタル社会を目指すべきなのでしょうか。前著『アフターデジタル』の共著者、尾原和啓さんと行った、「アフターデジタルの到来が日本と中国で違う」という議論が示唆に富んでいたので、ここに要点をまとめたいと思います。尾原さんは「自由という言葉には、本来は2つの意味合いがあることを捉えるべきではないか」と指摘していました。「自由」を英語にすると、「フリーダム（Freedom）」と「リバティー（Liberty）」という2つの意味があります。

フリーダム：「制約や負・不からの自由」を指し、制約がない状態に
　　　　　　解き放たれることを意味する。

リバティー：「主張して獲得する自由」を指し、自分の権利や生き方
　　　　　を獲得することを意味する。

　かつての中国は、医療や交通に人が集まり過ぎて圧倒的に効率が悪く、詐欺やぼったくりも頻発していました。金融においては、そもそも信用がないのでお金や家が借りられない人たちがいて、社会的な不・負が大き過ぎる状態でした。2018年までに見られるサービス事例は、そうした状況を前提にしつつ、モバイル起点のデジタル技術で欧米や日本を飛び越して便利にした、と言えるでしょう。ディディにしても、信用スコアにしても、平安グッドドクターにしても、このケースに当たります。

　一方で日本はというと、医療にも交通にも金融にも、全体的な日常生活を通してそこまで社会的な不便、不利益、格差が大きくないため、中国の事例をそのまま当てはめることはできません。

　このような議論をしていたとき、私の頭に浮かんだのは、深センでインタビューしたアーティストの発言でした。彼に「日本の良さはどんなところ？」と聞くと、次のように答えてくれました。

「日本人は中国人に比べて、**一人ひとりが独特なユニバース（宇宙・世界観）を持っているように見えて、そこが素晴らしい**と思います。多様な文化やアートを吸収して自由に組み合わせ、自分なりに独特な世界観を持っているように思えるんです」

　なぜこのような発言が出てきたのでしょうか。中国は「金銭的な豊かさ」というメインストリームがある一方で、日本は経済的成熟に

よってそのフェーズを一度過ぎ、多様化している国だと言えます。図にするとこうなります（**図表4-1**）。

　中国は貧富の差が大きく、また、30年間経済が大きく成長し続けたことで給料が10倍になることもあり得ない話ではありません。こうした状況下では、「お金を稼ぐ」「生活を豊かにする」ことが大きな「幸福」の方向として位置づけられ、文化やアートでも「儲かるメインストリーム」を軸に展開され、思想統制も相まって、日本ほどの多様性、特異性が生まれにくい構造にあります。

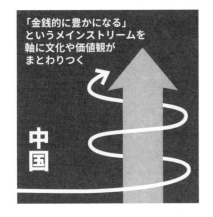

図表4-1　中国と日本

　一方の日本はというと、「総中産階級」といわれるようにグローバルで見れば貧富の差は小さく、年功序列がまだまだ一般的であるため、給料が短期間に倍になるという状況はなかなか想像できません。「お金を稼ぐ」「生活を豊かにする」という「幸福」の方向付けはすぐ天井が見えてしまうため、「自分らしい幸福や生き方」を求めて、多様に飛散していき、一般人による二次創作（漫画やアニメなどのストー

リーを自分で解釈して書き換えた創作物などを指す）のような市場も盛んです。

　そう考えてみると、深センのアーティストは、私たち日本人が様々な文化やストーリーに囲まれながら、自分らしいものを寄せ集めてくっつけて生きているように見えており、それが「自分らしさ」を表すユニバースのようだという表現になったのではないでしょうか。

　「アフターデジタルの到来が日本と中国で違う」という尾原さんとの議論に戻ると、深センのアーティストの話を聞いた尾原さんは、山口周氏が示されている

「役に立つ」から「意味がある」へ

という考え方になぞらえられるのではないか、と提起されました。山口周氏は著書『NEWTYPE　ニュータイプの時代』（ダイヤモンド社、2019年7月発行）で、

「役に立つ」＝機能的便益の有無
「意味がある」＝自己実現的便益の有無

と区別し、以下のように説いています。

・ モノが充足し一定程度便利になった時代においては、逆に意味が不足し、意味を見いだすことができるニュータイプ（新しい世代）が生き残っていく。
・ 「役に立つ」で戦うと価値が単一（評価基準が決まっている）なので、その単一評価において少数のみが勝利してほぼ全員が負ける

一方で、「意味がある」市場では多様化が進む。例えば、タバコは体や健康の役に立つわけではないが、味、求める効果、ファッション性などが「意味」として重視されているため、数百種類が生き残っている。

・「意味がある」とコピーできず、高く売れる。例えば自動車では、便利だが意味性の弱い一般的な「ファミリーカー」、便利で意味性もあるベンツやBMWのような「高級カー」、メンテナンスが大変で乗車できる人数も少なく利便性は低いが意味性に富むフェラーリやランボルギーニのような「スーパーカー」があり、後者ほど値段が高くなる。

多様な自由が調和するアフターデジタルを目指す

　実はこの「役に立つ」と「意味がある」という概念は、「2-3『売らないメーカー』の脅威」で説明したNIOやズールーの事例の中で、「利用する上でのペインポイントを解決する便利系サービス」「ライフスタイルに新しい意味をもたらすサービス」という形で登場させています[注]。前者を利便性、後者を意味性とすると、**フリーダムは社会的課題が解決されて皆が便利になる利便性を指していますし、リバティーは自分らしい生き方を獲得することで人々が獲得する意味性を指している**と言えます。成長が鈍化した成熟市場であればあるほど、市場原理におけるリバティー＝意味性が重要になってくることを示しており、深センの彼が話した「個人が持つユニバース」も、多様な意味性を取捨選択して生まれた自分らしい生き方のことを指していると言えるでしょう。

注：「あらゆる商品やサービスはサブスクリプション化できるのか」という議論がありますが、意味においては「よりお金を払いたい」という考え方になるため、通常「意味」の役割をサブスクリプション化するとうまくいきません。NIOやズールーでも、サブスクリプション化していたのは便利系サービスのみで、自動車業界で意味性の強い車種を使ってサブスクリプショ

ンをしている場合はだいたいうまくいっていないことからも分かります。

　ここまでの話を総合します。中国にはフリーダムの対象となる社会的課題、つまり、皆が持っているペインポイントが多く存在し、こうした課題に対して利便性の向上を目指すプレイヤーが大量に登場するも多くは滅び、限られたプレイヤーが生き残りました。社会に広範囲に存在する課題を利便性によって解決することは、「マスマーケット」を狙うことになります。世界最多の人口を抱える中国は、世界で最もネットワーク効果が効き、一気に進化したと言えます。その結果、2018年で利便性のレイヤーは概ね取りつくされ、NIOやズールーの例で示したように、現在は意味性のレイヤーが大きく広がりつつあるのです（無論、これまでまったくなかったというわけではありません）。

　欧米や日本の人々から見て、中国の状況が管理社会やディストピアをほうふつとさせるのは、フリーダムの課題を解決する際に個人IDとデータがひも付けられ、それらIDにひも付けられるあらゆる行動データを総取りすることで、管理可能な秩序を国家やプラットフォーマーが手にしている（ように見える）点にあるのでしょう。デジタルによって強められた秩序（統治）に対して、自由な選択肢はもちろんあります。ですが、そこまで多様な選択肢ではなく（特に現状はアリババ経済圏とテンセント経済圏の大きく２パターン）、日本から見て抵抗感があるのも当たり前かもしれません。

　リバティー型のアフターデジタル社会は、利便性を軸にIDを総取りして秩序を保つ中国のモデルとは異なり、**意味性に富んだ「世界観型ビジネス」が多様に生まれ、人々にはUX（ユーザーエクスペリエンス）選択の自由が担保され、結果、人がその時々で自分に合ったUX・ジャー**

ニーを選び取れるような社会を志向しています（**図表4-2**）。

　デジタルによる秩序は一定の範囲内（例えば疫病対策など）で、高いレベルで提供されるが、多様な世界観が存在していて、ユーザーの意思による「UX選択の自由」は脅かされない、といった「多様な自由が調和する、UXとテクノロジーによるアップデート社会」こそが、私たちが目指すアフターデジタルの社会像ではないでしょうか。この目指すべきアフターデジタル社会は、「国家やプラットフォームといった権力による総取り社会」とは異なるため、日本企業がDXによって貢献するチャンスが非常に大きいものと考えます。

どの選択をして生活していくかは個々人に
ゆだねられる
その結果の「不自由」や「貧しさ」を誰の
せいにもできないことを我々は知っている
からこそ、選び直し続ける

図表4-2　リバティー型のアフターデジタル社会

　UXとテクノロジーを柔軟に活用しながら、自分たちが描きたかった世界観やUXを作り出し、ユーザーが成し遂げたい自己実現を捉えたり、「こうありたい」という新たな価値観を生み出したりしながら、

その実現の支援を何より最優先すべき時代にいると考えます。

「おもてなし」とは世界観の提示である

　少し脇道にそれるようですが、「意味に富んだ世界観型ビジネスが多様に生まれる」状態というのは、日本人の特異性や得意領域に合致しているのではないかと思っています。

　「おもてなし」という言葉が日本の強みや誇りのように使われています。この言葉は「間や先を読んで丁寧に対処する」という意味で使われるケースがほとんどですが、これは本来の意味とは異なっています。星野リゾートの星野佳路氏は、日本におけるおもてなしの本質を、「世界観を見せつけることにある」と言います。

　西洋における接客としての「サービス」という言葉は、「Serve」から派生しています。相手に尽くす「Servant」（召し使い）という言葉も同源です。つまり、相手の言うことを御用聞きし、相手がやりたいことをすべて実現するものであり、「間や先を読んで丁寧に対処する」ことも含まれています。「相手に対応する接客・接待」と言えるでしょう。

　一方で、**日本のおもてなしは、美徳やモラルが共有されていることを前提に、むしろこちらが作り出した世界観を相手に提示するもの**です。トヨタ自動車が提供する「レクサス」の接客方法にも使われ、おもてなしの礼法として有名な小笠原流礼法を例にとってみても、お辞儀の仕方、接し方、言葉遣いなど、完成された世界観、人との関わり方の哲学を基に、すべての所作を完璧にこなすものです。一つひとつの所作は、ユーザー側が「そうしてほしい」と思っているわけではな

いのですが、それでもその完成された世界観に裏打ちされた所作・対応に美しさを感じたり、魅了されたりするわけです。

　一つひとつのモノや所作や配置に意味を込めた自らの茶室にお招きする、といったことも同様でしょう。相手の御用聞きや、相手に仕えることを中心に置いているというよりも、極端な言い方をすれば「練り込んだ世界観を相手に提示する」ことが日本らしいおもてなしである、ということです。

　ただし、これらの作法も「完成された世界観や哲学」を基にしているだけで、お客様を置いてきぼりにしたり、押しつけて相手をないがしろにしたりすることではありません。相手を理解し、その状況を捉えて先回りをする体験設計も当然徹底されており、そのときの対処もすべて、独自の世界観によって定義されたルールで対処されるということです。

　2020年に『シン・ニホン AI×データ時代における日本の再生と人材育成』（NewsPicksパブリッシング）を執筆したヤフーCSOの安宅和人氏は、著書にて、「付加価値の時代（売上・利益ベースの成長の時代）はもう大きく進化することはなく、マーケットキャップ（時価総額）ベースで企業の価値を考えねばならない時代に来ており、それは付加価値を生み出す（売上・利益を作る）既存の仕組みの延長線上ではどうやっても到達できない」と書いています。これを踏まえ、安宅氏は「次の時代は、夢を形にする『妄想の時代』である」とし、妄想を形にするのが技術とデザイン・アートの力であると語ります。この発言には共感するところが強く、「バリュージャーニーが優位となる時代において、作りたい世界観を実現するテクノロジーとUXの能力が必要

だ」という本書のメッセージとほとんど重なっているように思っています。

　デジタルとリアルが融合した社会の到来により、独自の世界観作りも、ユーザーの状況理解も、これまでより高いレベルで実現できるようになりました。「意味に富んだ世界観型ビジネスが多様に生まれる社会」は、日本の系譜にも符合する社会の在り方になるのではないかと考えています。

▌4-3　UXと自由の精神 企業のDXが社会をアップデートする

　目指すべきは「多様な自由が調和する、UXとテクノロジーによるアップデート社会」であり、それをユーザー側の視点で書くと「人がその時々で自分に合ったUXを選べる社会」となります。これは、**民間企業が社会のアーキテクチャー設計を担うことができる、すごい時代の到来を示しています。**

　アフターデジタルは、常に社会起点でDXを捉えてきました。社会と企業（経済・ビジネス）は当然ながら相互に影響し合います。言い換えると、「企業のDX」が「社会のDX」の形を作ります。経営者、DX・OMO・UXの推進者は、これまで以上に社会に貢献できるのです。

ビジネスパーソンが社会設計の一翼を担うべき時代

　「民間企業が社会のアーキテクチャー設計を担うことができる」という文における「アーキテクチャー」の意味は、単なる「構造」を表しているのではなく、ローレンス・レッシグ氏の言うところの「アーキテクチャー」です。レッシグ氏は、人を動かす力や行動を規定したり変えたりする力には、「法」「規範」「市場」「アーキテクチャー」の4つが存在すると言っています。

　「法」が行動を規定することは、説明不要かと思います。「規範」はいわゆるモラルや倫理を指し、「善き行いを取るべき」と教えられるなど、行動が規定されています。「市場」は、「そのように行動するほうが儲かる、得をする」という方向付けがされ、人々がその原理に従って行動することを指しています。

　では4つ目の「アーキテクチャー」は何かというと、「環境の設計を通じて、行動をコントロールする手段」を指しています。例えば、信号が赤になったり踏切の警報機が鳴ったりしたら止まらないといけないとか、建物にドアが付いていたら基本的にそこから出入りするものだとか、自然と周りの環境に適した行動を取るための「環境設計」を指しています。男性用トイレの小便器にはしばしば「的（マト）」が付いていることがあります。この的は「そこに当てると飛び散らない」場所に置かれており、このような的を置かれると人はなんとなくそこを狙ってしまうので、結果としてトイレがきれいに保たれます。他にもマクドナルドでは、あえてイートインの椅子を硬いものにしておくことで、ユーザーが座るのに疲れてしまい、結果滞在時間が短くなって店舗の回転率を上げることができるといった手法が使われていまし

た。このように、環境設計によって行動規定する手段をアーキテクチャーと呼んでいます。

　社会レベルのアーキテクチャーは、通常、国や自治体などの行政レベルで作られるものですが、インターネット上ではアーキテクチャーが整備されませんでした。ポータルや検索サイトを中心にして、GoogleやYahoo!が整理した一定のルールに基づいて何かを調べにいく、といった「行動様式」が生まれたわけですが、これらは行政レベルではなく各インターネット企業が作り出したものです。インターネットには国境がないので、当たり前と言えば当たり前かもしれません。

　インターネットでは、初期の頃からUXやカスタマージャーニーという言葉が使われ、重視されています。インターネットの世界におけるUXとは、まさに行動様式を決める環境作りですから、リアルの世界における街や道路や交通機関の使いやすさ、便利さと同等のものと言えます。

　欲しい服を見つけ出すまでに30分かかる使いにくいECサイトよりも、欲しい服がすぐに見つかるだけではなく、新たなスタイルを提案してくれるECを皆が使うようになるのは必然で、これをリアルに置き換えると、モノを買いに行くまで電車を数時間乗り継がないと行けない国や都市よりも、家の近くで欲しいモノが買え、街に出るまでの交通機関が楽に設計されている国や都市に人が集まることになります。バーチャルな空間なのかリアル空間なのかという違いがあるだけで、共通して「行動を決定する環境設計の力」、つまりアーキテクチャー設計の力が、大きな影響力を持っていると言えます。

　インターネットへの接続は当初はPCでしたが、今やモバイル、IoT、センサーなどがオンラインにつながって、デジタルがリアルに浸透したアフターデジタル社会が来ています。デジタルがどこにでも浸透してオフライン状態がほとんどなくなり**オンラインベースとなった社会においては、民間企業がこれまでオンライン上で行っていたアーキテクチャー設計を、リアルの世界にも侵食させることが可能になっており、企業がUXとテクノロジーの力を駆使して社会のアーキテクチャーの一端を作り上げられるようになったと言っても過言ではありません**（**図表4-3**）。

・各企業の提供するUXが組み合わさり、個々人の「生活」が紡がれる。

・デジタルリアル融合時代のアーキテクチャー設計が人の行動変容・自己実現を可能にする。

・個々の生活は、各企業が提供するUX=アーキテクチャーの中からユーザーが選択したものの組み合わせによって構築される。

図表4-3　テクノロジーが社会のアーキテクチャーを作る

　例えば、第1章で説明したGrabの例を思い出してください。銀行口座さえ持たず生活が安定しなかった人が、Grabの作ったアーキテクチャーに乗ることでタクシードライバーとして稼げるようになり、さらに、自分の行動を信用情報に換えることでGrabのサポートを受け、タクシー広告やローンを駆使してより安定した家庭を築くように

なったのです。行動が蓄積されることと生活の安定性が増すことの双方から、社会的に品行方正にまでなっていきます。ユーザーに大きな負荷をかけることなく、こうした環境が実現されているわけです。

2020年の5月下旬、SNSにおける誹謗中傷問題が取り沙汰されました。テレビ番組やメディアの問題であるとか、人々のリテラシーの問題であるとか、様々な論調がありましたが、これも「アーキテクチャー設計」の問題と捉えることができます。アーキテクチャー設計では**「特定の行動がしやすい」「特定の行動はできない」という環境を作ることで、発生しやすい状況を生み出す**ことができます。Twitterを考えると、「増殖したツイートに返信を付ける」という行動を誘発しやすい構造があえて作られています。かつては他人の投稿をシェアする「リツイート」のみがフォロワーのフィードに反映されていましたが、2017年3月以降から「いいね」もフォロワーのフィードに反映されるようになりました（注）。ツイートは拡散すればするほど広告的な効果や影響力を示すことができる一方で、もともとの興味関心や考え方が遠い人にも露出され、仮に前後の文脈があったとしても140文字の1ツイートだけが読まれやすくなります。しかも「＠（アット）」を付ければ、相手に通知しながら返信できるようになっているので、異なる意見や立場から様々な言葉を受け取ることも増え、結果、前後の文脈を理解しない発言が増殖するケースも多くなります。この観点から誹謗中傷問題を捉えると、「そういうものが生まれやすいアーキテクチャーだから」ということができます。

注：Twitter社は、ユーザーが興味を持つものに出合いやすくすることを考えてこの機能を開発しており、当時は社内でも賛否両論であったとのことです。トランプ大統領のツイートに警告を出したという2020年5月末の出来事を見ても、Twitter社の中で様々な議論が行われていることが分かります。

　対して、ニュースメディアのニューズピックス（NewsPicks）を見てみましょう。このメディアは、世にある様々なオンラインメディアからニュースを集めてきて、そのニュースに対してコメントをしていくことができます。そこにはプロのコメンテーターとして「プロピッカー」が存在し、ニュースの解釈の仕方や背景情報を「コメント」として追加することで、各ニュースをより深く理解することが可能です。それらのコメントに対して、「いいね」や「専門的・共感できる・分かりやすい」という評価を付けることができます。

　ニューズピックスでもコメント欄が荒れることはあるのですが、まず「＠」で返信することができないため、積極的に自分へのコメントを探さない限り、誹謗中傷は目に入りませんし、相手のコメントに対して悪い評価を付け加えることもできません。運営の方に話を聞くと、「あくまで、ニュースに対してコメントし、良いコメントを評価する場であって、コメントにはコメントをしないという考え方を貫いている」そうです。こうした「世界観」を実現するために、「相手に返信したり、気付かせたりすることがしにくい」アーキテクチャーになっていると言えるでしょう。

中国企業に見るアーキテクチャーの分散化

　もう少しイメージをクリアにするために、改めてこの視点から中国の事例を見返してみたいと思います。皆さんが感じるように、中国政府は日本と比べて「監視社会」という側面は強いと言えます。新型コロナウイルスのような有事の際には統制を効かせやすく、人それぞれの状況に合ったサービス提供ができるようにはなるものの、思想統制の側面があり、監視カメラの多さはもちろん、SNSやコミュニケー

ションアプリで反政府的な発言をするとアカウントが止められること
があります。実際にその社会に住んでいる人たちがそこまで抑圧され
ているかというとそういうわけでもないのですが、とはいえこうした
監視国家を礼賛するつもりは毛頭ありませんし、中国のようになるべ
きだともまったく思っていません。

　しかし、中国社会はこの5年間でデジタルが深く浸透し、生活の利
便性が一気に高まりました。さらに、社会貢献意欲や変革意欲を持っ
た企業家の提供するサービスによって、相手を信用して貢献したり、
品行方正になったりするという社会進化が起きています。

　具体的には、アリババやテンセントの提供するサービスによって、
今まで信用情報がまったくなかった市民が正しい行為を積み重ねた行
動履歴によって信用してもらえるようになり、お金を借りたり家を借
りたり起業したりすることができるようになりました。配車アプリの
ディディが作ったアーキテクチャーによって、これまでは詐欺や乗車
拒否が横行していたタクシー業界が一変しました。ドライバーは、品
行方正に振る舞って、決められた水準の仕事をきっちり実行すれば稼
げ、ユーザーも相手に失礼なく振る舞うことで殺伐とした緊張関係が
なくなって互いに親切にするようになりました。

　アーキテクチャー設計は本来国家が実施すべきですが、企業がデジ
タルとリアルを融合させたUXによってアーキテクチャー設計を担う
ことで、かつてよりもずっと豊かな社会が生まれていると見ることが
できます。これを本書では「アーキテクチャーの分散化」と呼び、デ
ジタルが浸透したアフターデジタル社会だからこそ民間に与えられた
力であると考えています（**図表4-4**）。

個々のUXは集合体として、
大きな社会のUXになっていく

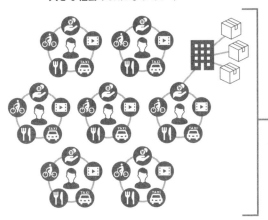

・状況に応じて選択可能な、
　様々な商品・サービスのUX
　の集合体が社会のUXを作っ
　ている

・UXデザインが社会を構成す
　るアーキテクチャーの一部
　となるとも言える

図表4-4　アーキテクチャーの分散化

　実際、中国トップ層の企業家と話をすると、「これまでの中国は、
人々が信頼し合わず、不便で、本当にひどかった。だけど、自分も家
族も育ったこの国が好きだし、自国の文化も大好きなので、自分た
ちの手で、この社会を良くしていこうと思う」という使命感と意欲を
持っている方が非常に多いことが分かります。

　NIOの創業者であるウィリアム・リー・ビン氏が米国から中国に
戻って北京に降り立ったとき、大気汚染で真っ白だった北京の空を
見て憤り、「私は電気自動車で北京の空を青くするんだ」と決意し、
"Blue Sky Coming"というスローガンを掲げました。NIOは中国語名で
「蔚来汽車」（ウェイライチーチャー）といいます。「蔚」は空の青を示
す単語なので、まさにBlue Sky Commingをそのままブランド名にし
ており、こうした考えや思いに共感した優秀な社員や顧客が集まって
います。中国政府のやり方・考え方はともかく、こうした「より良い

社会を作ろう」とする企業家の意思は、私たちにとって学ぶべきところが大きいように思います。

　基本的な社会課題が多い国では、「利便性の改善」という分かりやすい価値観と、これまでのインフラの未整備ぶりをテコにして、DXの社会実装が超高速で進められました。そのスピード感はすさまじいものです。実際多くの方は、「社会的なペインポイントがあまりない日本では、DXの社会実装は進まないのではないか」と意見を述べています。しかし、新型コロナウイルスによって社会課題が噴出した2020年、自らが苦しい中でも何か社会の役に立とうとする企業が日本でもたくさん生まれています。企業の動きが社会に波及し、助け合いの中で「企業のDX」が「社会全体のDX」の形を作っている様が見られているように感じています。

▌4-4 UXインテリジェンスの企業家精神

　ここからアフターデジタル時代のDXに挑むビジネスパーソンとその組織が持つべき「精神」と「ケイパビリティ」（能力・方法論）について説明します。この精神とケイパビリティを併せて「UXインテリジェンス」と呼んでいます。ここ4-4では精神を、次の4-5以降でケイパビリティを説明します。

　前述の通り、企業のDXは社会のDXに直結するわけですから、「社会のDXを念頭に置かないと企業のDXもうまくいかない」と言えます。

企業としてのDXが、その集合体としての社会を規定するわけです。だからこそ、どんな世の中にしたいかという「企業家精神」が不可欠であり、社会に受け入れられるDXを成し遂げるために欠かせないものだと思います。

私たちの行動次第で、ディストピアになるかどうかは決まる

　アフターデジタル時代に必要な人材や組織は、AI・データをはじめとするテクノロジーで実現できること・できないことを理解した上でそれらを活用し、UXを駆使してビジネスやサービスにおける環境設計（アーキテクチャー）を行います。こうした技能や専門性を持った人・組織は、そんなに多くはありませんが、デジタルマーケティングやサービスデザインを顧客視点で行ってきた人たちは、こうした技能を持っていたり、秘めていたりする傾向にあります。必要なすべての技能を1人で持つことはなかなか難しいので、組織内で役割分担しながらこの能力を持つことも考えられます。

　ここで考えておかねばならないことは、**UXとテクノロジーを扱う人材・組織の影響力は非常に大きく、「その力を悪用する」という恐ろしいシナリオも想像される**ことです。例えば以下のような悪用は容易に想像できるでしょう。

・特定のサービスに登録したら楽しく利用しているうちに、気付いたら返せない額のお金を借りてしまっていた。
・すごく便利だと思って毎日使っていたのに、裏では自分の個人情報や顔のデータが勝手に売買されていた。
・書き物や写真などの自分の著作を、とあるプラットフォーム上に

大量に公開していたら、突然その著作権を運営会社が独占することになった。

　いずれも、圧倒的な使いやすさや利便性、生活の豊かさと引き換えに、最終的には自社のみが大きく得をする状況にユーザーや社会を引っ張り込むような事例です。近しい事象は実際の世の中でも起こっています。利益を最優先で追求するタイプの企業体は、どうしてもこのような方向にUXとテクノロジーを使ってしまいがちです。意識的に悪用しようとしなくても、KPI（目標を達成するための指標）に追われてつい無意識にやってしまっていた、ということもしばしば起こり得ます。気持ちは分かりますが、こうした事象があると社会の進化は大きく停止します。

　特にデータとAIの利己的な活用は、「監視社会」をはじめとした恐怖を社会に感じさせます。「自分たちのデータが勝手に使われ、プライバシーが侵害され、ゆくゆくは監視社会になっていく温床だ」という論調です。こうした議論は、多くの人が「何ができるか」を理解できていないため、事例とセットで語られます。データとAIの活用が語られる際に、利己的活用、つまり悪用の事例がいくつも挙げられる状態になってしまうと、データとAIは社会悪とされ、活用が大きく制限されていきます。米国でも中国でも、インドでも台湾でも、一定の社会実験とそれぞれの倫理の下でデータ活用がなされていますが、**日本がテクノロジーの恩恵を受けて進化**(注)**していけるかどうかは、いかに企業家・ビジネスパーソンが善き精神を持ってUXとテクノロジーを活用できるかにかかっている**といって差し支えないでしょう。

注：「既に十分便利なのだから、進化する必要はないのではないか」という質問を受けることがありますが、社会がテクノロジーを活用して進化しないと国際的に追いやられて侵食されてい

くことになります。事実、GAFAと呼ばれる米国のプラットフォーマーが日本でも非常に強い影響力を持つ中で、日系企業は生き残っていけるのかという議論もされています。他方、新型コロナウイルスのような疫病や災害をどう抑え込むのかという点でも、テクノロジーを民間のアイデアを駆使しながら抑え込んだ台湾のような例もあります。国際社会においては、社会でコンセンサスを整えた上で、テクノロジーを取り入れながら持続可能な形で進化していく必要があると考えています。

　企業でDXを推進し、OMOやデジタル活用で世の中にインパクトを与えようとする方々が、仮に「UXインテリジェンスにおける精神」を持たないで企業をデジタル進化させてしまうと、社会にもユーザーにも受け入れてもらえなくなる可能性が極めて高いです。さらに、そうした事例がいくつも世の中に出てしまうと、社会的発展が止まってしまう可能性が高くなります。DXを推進する人や、アフターデジタルに対応しようとする人、および、その組織はすべからく、「次世代の価値を作る体験設計者」として、社会・企業・ユーザーに受け入れられるアーキテクチャーを作る責任があるのです。

「データをUXに還元する」を社会実装するために

　「UXインテリジェンスにおける精神」においては、「データを何に使うのか」という論点が最も重要です。「データは売上・利益に還元できる」と考えるデータ幻想が広く存在するため、リアルとデジタルが融合した社会での新たな自由の在り方にアップデートしていかなければ、今ある自由や社会観念を大きく毀損してしまう可能性があります。

　データの取り扱いについて、日本における考え方は欧米や中国とは異なる背景があるため、一般的な社会感情を改めて整理しておきます。これまで、人はインターネットで「ダブルを生きる」ことができました。特に日本社会において、耐え難い抑圧から逃げたり、面と向かっ

て言えない不満を晴らしたり、表に出しにくい自分の好みをさらけ出して人とつながったりするために、匿名性が強い形でインターネットが使われる傾向があります。かつての２ちゃんねるもそうです。

　日本人は世界的に見てTwitterをアクティブに使っており、１人が複数のアカウントを持つことは当たり前で、他国よりも顔や実名を公開しないで利用する傾向にあります(注)。こうした「別人格を生きること」「身を隠して本音を出すこと」が、窮屈な社会環境に対する自由として確保されていた側面が強く、これが一定の秩序と自由のバランスを保っていたと言えるでしょう。

注： 総務省が毎年公表している「情報通信白書」2014年版では、ソーシャルメディア利用の国際調査結果においてこの特性が明らかにされています。例えばTwitterにおいて、日本では利用者の75.1％が匿名であるのに対し、米国35.7％、英国31.0％、フランス45.0％、韓国31.5％、シンガポール39.5％という結果が出ています。同調査の「SNSでの実名公開に対する抵抗感」では、日本では「抵抗感がある」との回答が41.7％、他の国では米国13.1％、英国11.7％、フランス15.7％、韓国11.2％、シンガポール13.6％という結果になっています。

　この社会からすると、「オンラインがオフラインを覆い、すべての行動データが１つのIDにひも付けられる」という世界は、オンライン側で生きていたダブルの自分を、リアルの自分とつなげて統合してしまうため、よく言われる「プライバシーの侵害」というよりもむしろ、**自らの隠された欲求を吐き出すプライベート空間がなくなり、自由が剥奪されたような状態**になります。こうした状況に恐怖を感じ、「アフターデジタルはディストピアを作り出す」と考える方もいます。

　一方で、ID統合はユーザーにとって大きなベネフィットをもたらします。オンラインとオフラインが融合した体験が提供されることで、これまでよりもスムーズかつ楽な形で、その時々に最適な方法・商品・サービスを融通無碍に選べるようになります。UXとしての魅力

が大きいとなると、ビジネスでの活用は必須と言えるでしょう。かつ、実際にはあらゆるデータがつなげられることなどほとんどなく、特定企業が保持するファーストパーティデータの利用にとどまるため、「様々なダブルが統合されて、個人として白日の下にさらされる」などということは起きません。

　データ管理社会、プライバシーのない世界といったディストピアが想定されてしまうのは、基礎知識やリテラシーの欠如だけではなく、結局のところ「どのような事例が世に出るのか」によるところが大きいと言えます。

　例えば、新型コロナウイルスを抑え込むような国家レベルでの対応では、感染者の位置情報を管理するテクノロジーとして中国や台湾の事例が取り上げられました。人道的ではないという批判を浴びつつも、パンデミックを止めるためのソリューションとして実効力を発揮しており、重要であり必要でもある、という議論もあります。欧州にはGDPR（注）がありますが、こうした社会実装事例と自国の状況を照らし合わせ、個人データの活用範囲を改める新たな線引きの必要性が話題に上がっています。

注：正式名称は「EU一般データ保護規則」（General Data Protection Regulation）。個人データのコントロールを個人に取り戻し、保護を強化する、EU内での個人情報取り扱いの取り組み。

　世の中に新しいものが出てくると、どうしても多くの人々が一度は怖がります。AIに仕事が奪われるという話もそうです。昔の話でいえば、初めて写真が登場したときは、「写ったら魂が抜かれる」という噂まで生まれました。こうした状況下で重要なのは、「実際に使ってみたらどうなるか」を多くの人が目の当たりにすることです。つま

り、小さくてもよいので社会実装した事例をいかに世に出すかが重要ですし、逆に「どのような事例が世に出るか」によって大きく社会発展の方向性が変わり得ると言えます。

　新型コロナウイルスの蔓延は、未曽有の混乱をもたらした悼むべき大災害であると同時に、それに対応するために様々な社会実装がされて世の中が変化しているという意味でも大きな契機になっています。欧州においても個人データの取り扱いが見直されているのは、各国の対応の中で、IDデータ活用やGaaS的なテクノロジー活用による抑え込みがうまくいっている事例を目の当たりにしたことが大きく、「医療への活用と発症者の位置情報程度であれば、社会善として活用を認めてもよいのではないか」と考えられつつあります。

　日本の遠隔医療においても、これまではなかなか重い腰の上がらなかった「オンラインでの初診解禁」が、新型コロナウイルスへの対応として実現されました。海外事例に加え、日本における医療系デジタル企業のこれまでの努力と技術力によって実現可能になったわけですが、これも社会実装した実例から「怖いものではなく、活用すべき有益なものだ」と証明できたことは大きいと言えます。

　こうした事例と、「データを何に使うのか」という議論を組み合わせて考えると、DXを推進する方々をはじめ、**データを扱うすべての方々が認識すべきなのは、自分たちが実現するビジョンやサービスによって、世の中がどちらにも傾き得るということ**ではないかと思います。「UXとテクノロジーを駆使することは、ディストピアを生み出すのではなく、新しい自由を形作るのだ」という精神を私たちビジネスパーソンと組織が持つことで、より良い社会へのアップデートが可能

になるはずです。

　しかし、現在のDX推進者のデータ利用の認識を見ると、手触り感のない「ハイレベルなデータ議論」による大きなデータ幻想を抱くケースや、企業の利益のみを見てユーザーが不在になっているケースが多く、ここに危なさを感じています。実際、データが直接的にお金になるような事例はほとんどなく、ソリューションビジネスに転換したり、マーケティングの効率化に使ったりといった成果事例しかありませんし、それらは、これまでも十分に実施されてきたSaaSやデジタルマーケティングの範囲を出ません。アフターデジタルでは、「**ユーザーの行動データをそのまま自社の利益にのみつなげるのではなく、UXに還元することで、ユーザーとの信頼関係を作っていく**」「**行動データを使って提供価値を増幅させる**」ことこそが、データ活用のスタンダードであると考えています。

　データをUXに還元することで、ユーザーからの信頼と、サービスへの吸着が生まれます。そうした上で、より高い付加価値を提供して課金したり、より高頻度に接するユーザーが増えることで新たなビジネスにつなげたりすることで、社会にも自社にもユーザーにも、結果として利益をもたらす構造を生み、持続可能なビジネスをもたらします（**図表4-5**）。

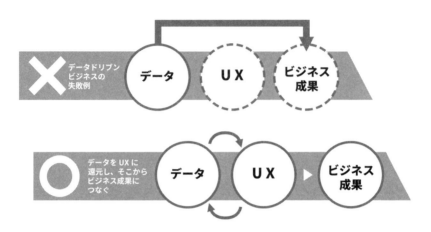

図表4-5　データをUXに還元してビジネス成果につなげる

UX競争による多様な自由の調和

　こうしたデータに対する基本思想は、従来型製品販売のバリューチェーン型資本主義を、体験提供が成されるバリュージャーニー型資本主義に転換する思考に基づいています。これまでのバリューチェーン型資本主義は、利潤（正しくは剰余価値）を生産活動に再投資するのが基本構造でした。しかし、「製品もユーザー接点の一部でしかない」とするバリュージャーニー型ビジネスにおける「生産活動」とは、主に「UXの企画」を指しています。生産の結果生まれる剰余価値として、利益だけでなくデータも得られます。バリュージャーニー型ビジネスの根本は、生まれた利潤とデータを再投資する対象が「UXの企画」になること、つまり、データをUX還元することなのです。

　ここで、「UXインテリジェンスの精神」を総括します。

　精神の基本は、「こうありたい」「これに共感する」という様々な
UXの選択肢があふれる中で、利潤とデータをUXに還元し、UXで競
い合ってユーザーの支持を得る競争を行いながら調和する社会にする
ことです。その根底にあるのは、データと利潤を還元する思考によっ
て社会が破綻しないようにするという主張です。従来の資本主義が利
潤とプロダクトの循環であったのに対し、アフターデジタルではデー
タ、UX、利潤の関係が**図表4-6**のようになります。それは「ユーザー
中心の資本主義アップデート」と呼べるものです。

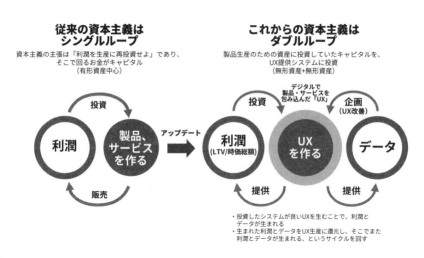

図表4-6　ユーザー中心の資本主義アップデート

　デジタルとリアルが融合し、企業がアーキテクチャー設計を実行で
きるようになったからこそ、人々がアップデートされた自由によっ
て、これまで以上に自分らしく生きられるようになります。企業家・
ビジネスパーソンの役割は、この自由のうちの１つ（または複数）を
世に生み落とし、人々の自己実現や社会に貢献することであり、同時

に「ユーザーの管理・コントロール」側に堕ちない・堕とさないことでしょう。この「自由のアップデートに挑戦する勇気」こそが、アフターデジタル時代に必要な企業家精神であると考えます。

UXインテリジェンス：精神の要点

　アフターデジタル時代に必要な企業家精神とは、「新たなUXの提供によって自由のアップデートに挑戦する勇気」です。ポイントを以下に列挙します。

（1）テクノロジーとUXによって、人の行動を変え得る「アーキテクチャー」を設計していることを自覚する。

（2）これを悪用することは、テクノロジーによる社会発展を止めることと同義であると認識する。

（3）データは金儲けではなくUXに還元し、ユーザーとの信頼関係を作ることを最優先する。

（4）「多様なジャーニーの中から最適な生き方を常に選べる」という社会の中での選択肢として自社を位置づけ、新しい世界観（コンセプト）を持って事業・サービスを構築する

▌4-5　UXインテリジェンスの全体構造
バリュージャーニーを形作る
UX・データ・AIのループ

ケイパビリティとはUX企画力

　次は、「UXインテリジェンス」のもう１つ、「ケイパビリティ」について説明します。ケイパビリティとは、「バリュージャーニーを作り、運用する力」、端的には「**UX企画力（プランニングする力）**」を指しています。

　第３章でも書いたように、本書のUXとは、俗に言う「UI[注]・UX」や「デザインシンキング」よりも広く捉えており、ユーザー、ビジネス、テクノロジーの３つの視点がそれぞれ関わり合うときに生まれる体験・経験を指しています。素晴らしいユーザーインサイト（ビジネスに有用な、ユーザーに潜む発見点）から体験を設計できても、儲からない、ビジネスメリットがない、となってはただの慈善事業になります。

注：ユーザーインターフェースの略。ウェブやアプリのデザイン要素や、ユーザーとそのデザインが触れ合ったときに起こるアクション、およびその効率性のこと。

　体験自体が素晴らしくてもそれを実現できる技術がなく、そのめども立たないとなると、時間の浪費になってしまいます。ユーザー、ビジネス、テクノロジーの３つの視点をすべて補完しながら体験設計ができれば、競合優位性もあり、自社にもユーザーにもメリットがある素晴らしいUXを作ることができます。ただ、これら３つの視点は得意な人が別々であることが多いため、組織的に解決する必要があります。

ここでは「企業がUX企画力をどのように組織ケイパビリティとして形作っていくのか」を、以下の順に説明します。

全体像：バリュージャーニーを形作るUX・データ・AIのループ
基礎ケイパビリティ：ユーザーの置かれた状況を理解する
ケイパビリティ１：ビジネス構築のためのUX企画力
ケイパビリティ２：グロースチーム運用のためのUX企画力

　この節では、１つ目の「バリュージャーニーを形作るUX・データ・AIのループ」について説明します。

バリュージャーニー：データをUXに還元する基本構造

　アフターデジタルでのUXとデータ・AIの関係性は**図表4-7**のようになります。図左側に示すように、特定の「世界観」を定義し、それを具現化する「ジャーニーボード」を作ります。様々なユーザー接点（データポイント）から取得された「時系列データ」が蓄積され、それが「AI＋データサイエンス」で処理されて、「UX企画に還元」されるというのが基本構造です。細かく書いてある概念や説明書きは追って説明するので、まずは図左側の構造を把握してください。

　図表4-7はユーザーにフォーカスして書いていますが、基本構造はビジネスにも適用可能です。「世界観」「ジャーニーボード」（世界観を具現化するUX）を、「マーケティングプロセス」「社内プロセス」に置き換えると、同様の仕組みが当てはめられると思います。ただし、「DXの目的は新しいUXを作ること」であり、顧客との関係性が新しくなることなので、最終的なユーザーにどのような価値が届けられるの

かを中心に据える必要があります。

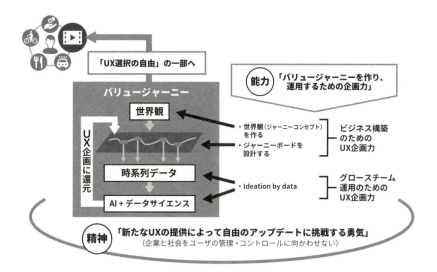

図表4-7　アフターデジタルでのUXとデータ・AIの関係性

　図表4-7は、データがAIを通じてUXに還元されていくことでジャーニーボード全体がより良い形、または、個々にカスタマイズされた形に更新されることを示しています。このとき、**どのようなデータを取得し、どのようなアウトプットをAIに出させるかは、「世界観」に準じて行われます。**「この世界では、○○のようなメリットや体験がユーザーに提供される」という定義に基づいて、人間がAIに対して目的を設定し、その目的に合致したデータをユーザー行動から取得して、ユーザーへのベネフィットとして還元されるわけです。

　UX→データ→AIがループとして回り、サービスとユーザーの双方が成長し、成功していく流れこそアーキテクチャーです。どのようなデー

タをユーザーから預かることができ、それをどのようなシステムで回すことができるのか、というのは、「アーキテクチャーをどのようなテクノロジーエッジで駆動させるのか」を意味し、競争力を生みます。

　重要な観点として、このアーキテクチャーには「企業やサービスが成し遂げたいこと」が明確に反映され、社人格を形作っていくことが挙げられます。その意味で、「データをどのように扱い、何を生み出すのか」という定義[注]をおろそかにすべきではありません。それは、ゆくゆくは組織全体の文化になっていきます。

注：実際の企業におけるデータの使い方・考え方をまとめている書籍に、Amazon.comの元チーフサイエンティストであるアンドレアス・ワイガンド氏による『Data for the people』（邦題：アマゾノミクス　データ・サイエンティストはこう考える）があります。Amazonの事例を中心に、データ社会で起こることを書いている本のように見えるのですが、実際には「民主的なデータ・エコノミーとはどうあるべきなのか」を書いている本です。本書では、データ活用においては「透明性とユーザーの主体性」を確保し、企業とユーザー双方にとって利益が及ぶ形であるべきである、としています。これは法や社会としてもそうですし、企業・組織のコンセンサスとしても、そうした仕組み・ルール作りを行う必要がある、ということになります。

　組織全体の文化になるという点では、大企業よりもスタートアップのほうが適しています。経営者・創業メンバーは世界観が明確で、それに基づいて高速に意思決定し、全員がその社人格を共有しやすい構造にあります。企業は、小さな単位の組織で世界観や提供価値を解釈し、意思決定する構造を作り、正しく決定・判断できるような経営を行うべきです。企業が提供する個別のサービスを束ね、データやIDを全社で共有する場合の構成を、トップマネジメント、特にCDO、CTO、CXO[注]などが定義していくことになるでしょう。

注：CDOはチーフデジタルオフィサー、CTOはチーフテクノロジーオフィサー、CXOはチーフエクスペリエンスオフィサーの略。

4-6 UXインテリジェンスの基礎ケイパビリティ
ユーザーの置かれた状況を理解する

　バリュージャーニーを作るに当たって、すべての活動の根源となる
プロセスがあります。どのような世界観を描くのか、どのような機能
とジャーニーでその世界を体験として体現するのか、さらにはそれを
どのように運用し、成長させていくのか。これらすべてのフェーズで、
「ユーザーの置かれた状況を理解する」というプロセスが必要になり
ます[注]。このプロセスが大事であることを強調するのは、私がこれ
までご支援してきた中で、以下のような「ありがちな失敗」をたくさ
ん見てきたからです。

注：「状況」という言葉を強調する理由は「1-1 アフターデジタル概論」の「属性データから行動
　　データの時代へ」を参照してください。属性でユーザーを捉えるのではなく、状況でユーザー
　　を捉えるべきだと説明しています。私たちは、ビジネス、文化、スポーツ、家族、友達など、
　　様々な状況（モード）によって人格が変わります。モバイル、IoT、その他のセンシングによっ
　　て状況単位で捉えられるようになった今、状況ベースでユーザーを捉えるほうが、世の中の
　　捉え方として正しいと考えています。

（1）絵は描かれているが、ユーザーがそのサービスに一切価値を感じ
　　　ない、または、既に市場に十分な代替手段がある。
　　　・価値とジャーニーは作られているが、自社商品起点で作られ
　　　　ており、ユーザーの状況起点になっていない。
　　　・儲かる仕組み、データ取得の仕組み、社内政治などからでき
　　　　た「絵」を全員で見ていて、ユーザーの状況にまったく目が
　　　　行っていない。

（2）ユーザーのことを考えてはいるものの、顧客の置かれた状況を無
　　　視して「幸せな理想的状況」を先に定義し、理想状態が遠過ぎて

ユーザーが到達できない。

　例えばメーカーの方は、商品開発をする際、顧客インサイトの発掘や商品の試飲などをやってきたと思います。そういった企業に限って、サービス作りやアプリ・ウェブサイト作りにおいて、「ユーザーの状況を理解する」というプロセスを省いてしまう傾向にあります。毎回以下のような作業が必要だと肝に銘じておきたいです。

・「ユーザーが置かれている状況」に関する仮説を持つ。
・実ユーザーや消費者に当たってそれを検証する。
・「その不幸せな状況をどう改善するか、どのような幸せな状況にするか」という仮説を持つ。
・「幸せな状況」の企画が受け入れられるかを検証する。

　仮説検証を、実際のユーザーと向き合って実施する必要があります。顧客の状況仮説が間違っていることを恐れたり、間違っていてはいけないと考えたりしがちですが、ほとんどの確率で何かしら間違いや勘違いが発生して作り直すことになります。サービスデザイナーやUX設計者は、自分の状況仮説の勘違いが発見でき、実際のユーザーインサイトで補正された正しい状況理解ができることをむしろ喜びます。**これは、「ユーザーの状況を見ないで作った仮説など間違っていて当たり前」と思っているから**ですし、誰も知らないようなインサイトが見つかれば見つかるほど、UXによる差異化が強化されるからに他なりません。

　「ユーザーの置かれた状況を理解する」というプロセスを説明すると、決まって次のような質問が出てきます。

　1つ目は、「状況理解のプロセスは時間とコストがかかってしまうので、スピードを速めるにはどうしたらいいでしょうか?」という質問です。スピードを速めるには、A/Bテストなどを実施し、「すぐに市場に出して反応を見る」方法があります。こうした方法は、市場のリアルな反応が得られるので、状況に応じて利用すべきです。ただし、サービスローンチ時に変に失敗してしまうと、二度とユーザーが寄り付かなくなる可能性もあり、UXのレベルが低い状態で市場に出すと「仮説は合っていたが体験が悪かっただけ」なのに、インサイトまで失敗だと決めつけられてしまう可能性がある点に注意が必要です。

　スピード重視の中国では、「すぐに市場に出して反応を見る」という手法を採ることが多いです。テンセントのWeChatの場合、似たような4つのサービスを同時に市場に出し、市場の反応を見て今のWeChatが生き残ったそうです。平安保険も様々なサービスをローンチしてはお取り潰しにし、結果、生き残ったサービスを大きくして現在の地位があります。ユーザーの状況理解がまったくできていないサービスではひたすら失敗してしまうため、「どの程度まで来たら市場で試すか」は見極めが難しいところです。**少なくとも成功企業は高い状況理解力とUX設計能力を保持した上でこのクイックローンチを行っている**点を忘れてはなりません。

　2つ目の質問は、「スタートアップが立ち上がるとき、ユーザーの置かれた状況を理解するプロセスを実施していないのでは?」です。往々にして、成功しているスタートアップは、創業者が日常生活において何かしらのユーザーインサイトや社会課題を捉えて立ち上げています。常に創業者自身がユーザーとしての肌感を持ち、定期的に自分で自社サービスを使ってフィードバックしているケースが多く、言語

化していなくとも、「きちんとユーザーの置かれた状況に価値提供できているか」という目線で捉えています。創業者がいなくなってビジネスが崩れるケースが多いのは、こうしたプロセスを創業者が属人的・感覚的に行っていたため、その機能が弱くなってしまうからだと考えられます。

　「ユーザーの状況理解」さえできればよいので、行動データを分析してもいいですし、直接ユーザーの行動を見る定性手法でも構いません。よく実施されるのは後者の定性手法です。前者の行動データに基づく状況理解は、「既に得られているデータから仮説を持って発想する」必要があるため、既存のサービスを発展させる際には有効です。

▍4-7　UXインテリジェンスのケイパビリティ1
ビジネス構築のためのUX企画力

　ケイパビリティの1つ目は、「ビジネス構築のためのUX企画力」です。具体的には、図表4-7に示した「ジャーニーボード」を作るに当たり、「世界観を作り、それを体験に落とし込む」ビジネスサービスの設計です。

　「新たなサービスを作る／事業を作る」という状況を想定していますが、既にあるサービスの新機能を開発するとか、既にある商品群をまとめて会員サービス化するなど、既存ビジネスを拡大する際にも応用できます。

　ジャーニーボードを作るには、大きくは2つのフェーズがあります。1つは、世界観を作る「コンセプトフェーズ」。もう1つは、コア体験・高頻度接点・ユーザー成長シナリオ・UX自動化システムを作る「ジャーニーボード設計フェーズ」です。この途中に、随時、ビジネス検討を挟みます。

ビジネスモデルから先に考えない

　ジャーニーボードの説明に入る前に、ビジネスモデルを先に考えてしまうケースが多いので、それをやらない理由を説明します。DXにおいて新たなビジネスモデルを構築することは確かに重要ですが、目的は「世界観を体現する新しいUXを生み出すこと」であるため、考える順番はビジネスモデルが先ではありません。

　スタートアップの創業者のようなビジネスセンスに富んだ天才的な方は、業界構造上の穴とそれを突くビジネスモデルを見つけ、そこをビジネスドメインに設定し、しっかりと顧客洞察を行ってUXを高めていく手法を採っている方もいます。このような方はユーザー視点とビジネス視点を行ったり来たりしながら、バランスを取るようにしてビジネスを作り上げることができますが、そんなことができるのは一部の限られた天才だけです。

　なぜビジネスモデルを先に決めないかというと、**ユーザーの状況が判明し、世界観が決まり、自社で提供できるテクノロジーエッジを踏まえて体験を作った結果、あるべきビジネスモデルは大きく変わってしまうことがほとんどだからです。**ビジネスモデルは、世帯数、利用頻度、価格、競合優位性などがある程度見えないと作れません。例え

ば、日用品の宅配サービスを考えたとき、初めは「全国で広く、週に1回は使ってもらえる」だろうと考えたとします。ところが、月に1回程度でまとめて配達してくれれば十分な地方のユーザーと、2日に1回なるべく細かいニーズに対応して配達してほしい都市部のユーザーがいて、かつ、それぞれに異なる競合がひしめき合っているとなると、当初作ったビジネスモデルが容易に破綻してしまいます。

　ただし、「ビジネスのことをまったく考えるな」と言っているわけではありません。仮に読者が大企業の社員で、「体験提供型のビジネスを立ち上げろ」と言われているなら、ユーザーの置かれた状況仮説の話だけでは上司に説明できません。サービスやビジネスを立ち上げることにたけている方は、規模の大きさや構造転覆のしやすさに目を向けながら、どのビジネスドメインで戦うのか、自社の持っているアセットでどう戦うかまで考えていないと、納得してもらえないでしょう。細かく作っても時間の無駄になるので精緻化は避けながらも、「上司や周囲を説得するために、どのビジネスドメインでどう戦う想定なのか」の説明責任を果たす程度までは考えておく必要があります。実際、私が検討するときは、初めに大義を設定して説明しつつ、作り得るビジネスやサービスの形が変わるにつれて、都度目指すべき姿を更新しながらビジネスモデル化していきます。このポイントについては第5章で詳述します。

世界観とはどのようなものか

　ではここから、「ジャーニーボードの作り方」を説明します。まずはコンセプトフェーズ、つまり「世界観を作る」プロセスです。初めに、どのようなものを「世界観」と呼んでいるのか、認識を合わせた

いと思います。例えば、パナソニックは「くらしアップデート」とい
う言葉を掲げています。これは全社を統合するスローガンとしての役
割が強く、ビジネスに落とし込んだとき、HomeXでは「より自分ら
しい生活を発見できる『くらしの統合プラットフォーム』」「くらしの
セレンディピティを量産する」といった言葉を使っています。今から
説明する「世界観」は、パナソニックでいうところの「くらしの統合
プラットフォーム」、つまり、サービスレベルの世界観を指している
と思ってください。

　サービスレベルの世界観では、D2C系ブランドが参考になります。
例えば日本のD2Cの走りとも言えるファクトリエ（https://factelier.com/）
は、「世界に誇るメイドインジャパン技術を持った工場と直接提携し、
語れるものだけを適正価格で届ける」という趣旨のことを言っていま
す。ブランドのタグが付くだけで値段が高騰する世の中ですが、それ
らブランドの服や鞄や靴の品質を担保している工場や職人が存在し、
その裏には職人のこだわりや歴史という豊かなストーリー性がありま
す。そこで、工場直送で、ブランドタグ無しの商品をストーリーとと
もに届けることで、ユーザーは安く良いものが手に入りながらストー
リーに共感し、職人は直接ユーザーとつながることでこれまでにない
充足感が得られるようにしよう、というのが彼らの世界観であると言
えるでしょう。

　もう１つ、オリィ研究所（https://orylab.com/）を例に挙げます。同社
は遠隔コミュニケーションロボットを作るベンチャーで、「孤独化の
要因となる、移動・対話・役割などの課題をテクノロジーで解決し、
これからの時代の新たな社会参加を実現する」ことを自社のミッショ
ンとしています。孤独を「自分が誰からも必要とされていないと感

じ、つらさや苦しさにさいなまれる状況」と明確に定義し、これを分身としてのロボットが解決します。

　例えば、優秀で能力があるが不慮の事故で寝たきりの状態になってしまった方が、「OriHime」というロボットを通じてカフェで働いたり、自分が身に付けているスキルを誰かに教えたりする例が挙げられています。寝たきり状態の方は介護を受け、何も貢献できず周りの人に迷惑をかけ続けているのではないかと嘆き、孤独になりがちです。コミュニケーションテクノロジーとそれを実現するロボットによって他者に貢献できるようになり、孤独が解消され、生きがいを見つけているのです。事実として、そういった方が非常に高いスキルを持っていることも多く、導入企業側にも喜ばれています。心温まるストーリーがあるだけではなく、孤独が生み出す社会課題を解決しているわけです。

　このように、「こうすれば世の中を今よりも良くできる」「こんな考え方のライフスタイルは素敵ではないか」といった、人々の共感や参画を生む提案を、サービスや商品とともに打ち出しているものが世界観であると言えるでしょう。製品志向の企業の場合、製品そのものには世界観を宿らせてはいるものの、マーケティングや購入時の接点、購入後の利用体験を切り離してしまっていることも多く、バリュージャーニー型のビジネスでは、あらゆるユーザーとの接点でこの世界観が体現されていないといけません。

　こうした世界観を作り上げるコンセプトフェーズにおいて、いくつかのありがちな失敗例があります。

- ワークショップで皆の総意として作る。
- ユーザーが主語になっていない、またはユーザーや社会への価値が体現されていない。
- ありがちなバズワードをふんだんに使って未来感を出す。
- すべてのアセットを入れ込もうとした結果、誰も具体的にイメージできなくなる。

　ユーザーの置かれている状況や社会課題からスタートし、しっかり検証すべきであることは既にお伝えした通りですが、それ以外にも「確かな軸」を持って作る必要があります。ここでは2つの重要なポイントを紹介します。

コンセプトフェーズの要諦①　企業の系譜と環境変化

　1つ目は「企業の系譜と環境変化」です。特に歴史ある大企業ほど必要な考え方です。企業にはこれまで重視してきた理念や、存在意義を示すミッションがあり、顧客にとってどのような価値を提供するのかが決められています。過去に成功した企業であればあるほど、その価値が時代にマッチし、その価値を体現した結果大きな成功を収めています。同じ業界であっても、例えばトヨタとホンダがそれぞれ異なる価値を体現しているように、必ず異なるポジショニングが取られているからこそ複数企業が生き残っているのです。ただ、この「時代にマッチした」という部分がくせものです。

　第2章で説明した中国スターバックスの例は、まさにこれを示しています。スターバックスはこれまでサードプレイスという価値を体現し、コーヒー文化（またはセカンドウェーブのコーヒーブーム）が広

まりきっていないところに、「禁煙で、強い匂いの商品は置かず、大きなテーブルで出来立てのコーヒーを楽しむ空間」を提供していました。しかし中国で起こったのは、デリバリーが圧倒的に普及する中で、「わざわざお店に行かなくても手に入る利便性」が当たり前になったという環境変化でした。これによって、スターバックスが嫌いになったわけでもないのに、普段は便利なほうを使ってしまうため、「わざわざその空間に行く」という頻度が減ってしまいました。だからこそスターバックスは「スターバックスらしいデリバリー」を開始し、「いつでもどこでも、コーヒーを楽しむ空間を作れる」形にシフトしたわけです。

　こういった変化はよく見られます。一般的に語られる環境変化は以下のようなものです。

（1）戦後、モノが不十分だった時代の社会課題を解決すべく価値を提供したものの、高度経済成長でモノがあふれたため、課題が消えて価値も消失しそうになる。

（2）大量にモノがあふれると粗悪品も生まれてきます。それに対応するために、安全訴求やハイエンドな暮らしなど、マスメディアを通して誰もが羨むストーリーを生み出しながら価値を高める。

（3）インターネットが登場し、情報が共有され、人々がネット上でつながるようになると、価値観が多様化し、かつ離れていてもつながれるようになった。結果、「誰もが羨む」というマスなメインストリームがなくなり始め、多様なストーリー性や体験型消費に移行し、多様な価値観に対応できる構造を作らざるを得なくなる。

　「アフターデジタルという変化が到来しつつある中、新型コロナウイルスへの対応を余儀なくされる」というのが、おそらく2020年でしょう。自社の起源や提供価値を改めて見つめ直し、どのような環境変化によってその価値がどう変わり、価値を享受していた人たちはどうなってしまっているのか。これを問い直すことで現状認識を組織で共通化できるとともに、これが世界観を規定する「軸」になります。

　このとき、会社の歴史に詳しい生き字引のような人を加え、一緒に検討したり、フィードバックをもらったりすることをお勧めします。初めは言葉の定義などに口うるさいと感じるかもしれませんが、そういった言葉の端々から会社のDNAが見えてくることで成果物が良くなりますし、そういった生き字引の方が納得していれば、後で社内を巻き込み動かすための大きな力になります。

　ここでよくもらう質問は、「時代を変遷してねじれにねじれてしまっている場合どうしたらいいのか」「経営が決めることではないのか」といったものです。これについては第5章にて、丸井グループの事例で具体的に説明します。同社の場合、「会社の創業起源に立ち戻る」「方針は見せつつ、対話型組織で各自に考えさせる」という方法を採っています。

　他にも「ビジネスラインが多岐にわたっていてまとめられない場合どうすればいいのか」という質問があります。確かに企業が大きくなればなるほど、異なるビジネスラインで異なる環境変化が起こり、時間が経過するにつれてどんどんまとめにくくなります。しかし目的は「顧客の状況に基づいた世界観」を設定することなので、ビジネスラインごとに分岐させることや、世界観を複数設定することがダメなわ

けではありません。具体性を持ってイメージできないときは、イメージできて納得できる程度にまで分解すればいいのです。

コンセプトフェーズの要諦②
ペインポイントのゲインポイント化

　世界観作りにおけるもう1つのポイントは、「ペインポイントのゲインポイント化」があります。これは、世界観における「軸」を作る方法になります。「ペインポイントのゲインポイント化」というと複雑に聞こえるかもしれませんが、簡単に言うと「不幸せな状況を、幸せな状況に転換する」ことです。

　「便利性」のレイヤーで貢献することは、基本的には負や不から解放されることなので、課題を解決してマイナスの状況をゼロにすることと同義と言えます。もちろん極端に便利になることもあるので、プラスに見えるかもしれませんが、「自分の生き様・ライフスタイル」というよりは「一律の利便性」が届けられ、それが一般化していくため、ここではあえてプラスと表現していません。

　一方で「意味性」のレイヤーで貢献すると、「自分らしい生き様・ライフスタイル」を提供し、サービスの力を借りて今までできなかったことができるようになります。これは「自分の好きな生き方を選べていない」、つまりゼロの状況から、提供されるサービスによって「できるようになる」わけなので「プラス」と表現します。
　意味性を生み出し、人を惹きつけるライフスタイルを提案することは非常にクリエイティブな仕事なので、選ばれた天才が感覚的に編み出すことが多いです。一般の人がなんとなく思いついていることを、

ふさわしい言葉や形に落とし込み、「提案」にまで持っていける才能が必要です。

このハードルを少し下げ、UX手法にある程度精通していればできるように落とし込んだのが、「ペインポイントのゲインポイント化」です。通常様々な非線形の思考やひらめきが必要な「意味性に富む世界観」を、ペインポイントからスタートすることで、「考える根拠」を作って発想しやすくし、かつマイナスからプラスに移行する分、価値を感じやすくなります。

「不幸せな状況の発見」と、「幸せな状況に転換」という2つのプロセスがあります。具体的に説明しましょう。

「不幸せな状況を発見する」のは、クリエイティブな作業ではないので相対的に簡単に見えるかもしれませんが、「幸せな状況に転換」するためにユーザーの内面に深く入り込むため、一筋縄ではいきません。**置かれている「不幸せな状況」を構造的に理解し、根源的なペイン・状況を発見する**必要があります。

まず、グループインタビューやアンケートは状況理解の主要な手法として使わないでください。状況とは、時系列的な因果関係の連鎖で発生するため、一人ひとりに起こっている因果を丁寧に読み解く必要があります。行動観察やデプスインタビューが有効です。これらを実施すると、様々な小さい課題や、人それぞれの個別状況が出てきます。個別状況に集中し過ぎると、「状況は人それぞれじゃないか！」と思い始めてしまい、身動きが取れなくなります。

重要なのは、「状況」を「出来事」として捉えるのではなく、「こんがらがった構造やシステム」として理解することです。多くの人は、問題はあって解決しようとはしていても、人間関係、体裁、余裕のなさなど、様々な壁が邪魔してがんじがらめの状態になり、何かを選べない状態にあります。1つの問題をピックアップしても、他の要因が邪魔をしてしまうのです。

　例えば、共働きの母の家庭料理を考えます。

「母として責任を果たし、自分が作ってあげたい」
「でも帰宅が18:30になってしまう」
「事前に献立を考えて休日に買っておこう」
「とはいえ平日は仕事で疲れていて献立が思いつかない」
「適当に作ると子供や旦那に文句を言われる」
「たまに頑張って作った料理も褒めてもらえないから頑張るだけ無駄」
「旦那も子供も手伝ってくれないし…」
「外食とミールキットにすると予算使い過ぎ？」
「とはいえ母としての責任が…」
「少なくとも不健康な食事だけは避けなければ」

という、まさにがんじがらめの状況にいます。検討の結果、「褒められなくてもいいし時短料理でいいから手作りで健康と栄養重視なものを」などの暫定措置に妥協します。ただこの暫定措置は人によるので、「食事に時間を使うよりも子供との会話時間を優先したいので、出前や外食を最大限活用しよう」という場合もあります。

　結論としての暫定措置は異なるものの、置かれているがんじがらめ

な状況は似通っているので、その「仕組み・システム」を理解すると、「食にこだわりのない価値観の人は、食事の検討や料理をとにかく減らす選択をする」とか、「このソリューションを提示しても、『旦那も子供も協力してくれないから無理』と返事が返ってくるだろうな」と言ったように、どんなロジックでそのシステムが動くのかが分かるようになってきます。

　ここまで理解できて、初めて「状況理解」と言えます。このとき、言葉にきれいにまとめないようにします。きれいにまとめることは、人に伝えるためには大事ですが、どこを変えて幸せな仕組み（アーキテクチャー）にするかによって、状況の描写の仕方は変わるので、状況理解の段階ではそこまで重要ではありません。

　次のプロセスは「幸せな状況への転換」です。このプロセスの難しさは「論理的な説明が難しいところ」にあり、かつ1つ前の「不幸せな状況発見」での綿密なロジカル思考とは異なる考え方なので、よりいっそう難易度を高めています。

　先ほどの状況に対して、どのような「理想的な状況」を描くのかは、アイデアとしてたくさん出てきます。

・今ある食材を確認しながらとにかく献立を全自動化して買い物まで済ませてくれる全自動AI冷蔵庫。
・健康的な中食をうまく利用して手抜きができる賢いお母さん。
・旦那や子供の好きな料理が手に取るように分かるようになって毎回喜んでもらえる必殺献立お母さん。

どれもこれも魅力的な上、考えれば考えるほどアイデアが出てくるので、終わりがないように見えます。ロジカルな思考だけでは決して選定できないため、どこかで「それいいじゃん、それにしよう！」が必要になります。

　それゆえ、あまり方法論化はできないのですが、**アイデアをたくさん出すというよりも、「不幸せな状況」のどこをどのように変えたら、幸せなサイクルを生むことができるかをひたすら考えるのがコツです**。「ここをこう変えたらすべてが好転する」というトリガーが見つかれば、そこから絞り込む際、「企業の系譜と環境変化」で考えた、「自分の会社が今の時代だからやるべきことと、生かすべき競争力」が生きていきます。そこに技術の専門家も巻き込んで、「技術的に実現可能かどうか」を考慮します。このとき、「どうやって儲けるか」はあまり考えないようにしたほうが、価値が濁らず良い世界観が生まれます。スタートアップなど、企業の系譜が特にない場合は、自分がとにかく熱意を捧げられて最高だと思うものを選んでください。

　幸せな状況を定義したら、理想的には、そのサービスを初めて使う際の体験を再現するプロトタイプを作成します。プロトタイプの作成が難しければ、サービス紹介のウェブページやパンフレットなど、何でもよいのでユーザーがイメージできる形にして、実際のターゲットとなるユーザーに当てて反応を見ます。これを「コンセプト検証プロトタイピング」と呼びます。

　ここで起こりがちなこととして、「幸せな状況」を具現化する能力が著しく低く、言語化やプロトタイプ化がうまくできないと、本当は素晴らしい世界観・コンセプトなのに、ユーザーから良い反応が得ら

れず「違ったか…」となってしまうことです。世界観が受け入れられていないのか、単に伝わっていないだけで、本当は良い世界観の提案ができているのかを見極めることがポイントです。そのためには、高品質でプロトタイプできる人材が求められます。

設計フェーズの要諦①
コア体験・高頻度接点・成長シナリオ

　コンセプトの仮説ができたら、それを一度体験に落とし込み、「コア体験」を作っていきます。コア体験とは、「不幸せな状況を解決し、幸せな状況に転換し得る体験」を指しています。深いペインポイントを解決して高い価値提供をすることで、ユーザーが「このサービス・機能は素晴らしい、使いたい」と思うようになります。当たり前に聞こえるかもしれませんが、このコア体験が弱いまま、どこにでもある機能を寄せ集めて作るケースは極めて多く、改めてこの重要性を強調しておきます。

　「そのサービスを初めて知り、使ってみる」という初回体験に集中してプロトタイプを作り、「サービスをどのように理解するか」「使ってみてどう思うか」といった反応を収集します。

　このとき、アフターデジタルのビジネス原理をよく理解しているほど、「いかに高頻度な接点を作り、その行動データをエクスペリエンスに還元していくか」を考えるのですが、ここには落とし穴があります。それは、コア体験が高頻度接点にならない場合が多いことです。例えば前著でも本書でも紹介している平安グッドドクターアプリのコア体験は、「病院にかかり、診療を受ける際の従来のペインが解決さ

れ、無駄なく安心に診療を受けられる」ことにありますが、この頻度はおそらく年に数回程度です。ただし、圧倒的な提供価値によってユーザーが信頼を覚え、また使いたいと思うようになります。これを「サービスの世界に入る」「ジャーニーに乗っかる」という意味で、「オンボーディング」と呼びます。まずはオンボーディングされるだけの強い体験がないと、誰も使ってくれません。

　高頻度な接点を持つべきですが、**無目的に高頻度に利用してもらう必要はなく、「得られる接点やデータからUXが改善できるのか」「どのようにビジネスにつなげていくのか」が高頻度接点を設計する目的**となります。こうした目的で検討するタイミングは2回あります。それは、ビジネスドメインを設定する際、つまり世界観を検討し始める前と、コア体験を作った後です。

　勝負するビジネスドメインによってユーザーとの接点頻度が異なります。医療、旅行、レジャー、服や嗜好品の買い物といった業界や、「非日常な体験をしたい」「ハレの日」などの状況を設定した場合、接点頻度はなかなか高くなりません。対して、ヘルスケア、移動、飲食小売といった業界や、「業務パフォーマンスを高めたい」「きれいに・かっこよくなりたい」「暇を消化して有意義なことをしたい」といった状況は、当然接点頻度が高くなります。その意味では、行動データを活用しながら日々の利便性を向上させるOMO手法は、特にDAU型のサービス（デイリー・アクティブ・ユーザー型、毎日利用されるサービス）に向いていると言えるでしょう。

　一度ドメインを決めて先に進んだら、「いかに深いペインポイントを解決するか」「いかに深くハマってもらえるか」を重視してコア体

験を作ることに専念します。コア体験が定まると、どの程度の利用頻度になり、どの程度熱狂され、支払われ、どのようにユーザー層を広げられるのか、といったサービスの形が見え始め、このタイミングでビジネスモデルを決めていくことになります。**ビジネスモデルを決めていくときに、同時並行でどのようなユーザーの成長シナリオを描き、どの程度高頻度に使ってもらう必要があるのかを検討していきます。**

　ユーザーの成長シナリオを描くことは非常に重要で、課金やPro版へのアップグレードなどビジネス目標だけを設定するのではなく、どのようなメリットでユーザーがそのアップグレードを欲し、そのメリットを得る前後でどのような状態変化（例えば特定機能を使うことで仕事の効率が向上し、チームメイトにもお勧めしたくなる、など）が起こるのかを考えるとよいでしょう。特にこの成長シナリオは、世界観に沿った「なりたい自分」「送りたい生活」に向かって成長できるように設計します。これがサービスロードマップになり、ユーザーの利用が長期化し、かつビジネス貢献が得られるようになっていきます。

　高頻度接点の検討は、コア体験とセットで考え、「コア体験に隣接する領域」で高頻度接点を作ることが肝になります。平安グッドドクターを例とするならば、「診療を受けるまでのプロセス」がコア体験である一方、「健康情報メディア」「歩くとポイントがもらえる」「健康グッズや美容品の購入」「エクササイズ」などが高頻度接点として周辺にくっついています。後者だけでは「どこにでもある差異化できない機能」ですが、コア体験が魅力的であり、例えば得られたポイントを使うとコア体験がより便利に・安くなる、となれば、連携して頻度を高めていくことが可能になります。

設計フェーズの要諦② 「自動化する体験」の設計

コア体験、成長シナリオ、高頻度接点という体験設計ができたら、次はジャーニーボードを回す仕組みを作ります。つまり、アーキテクチャーを作動させ、「最適なタイミングに、最適なコンテンツを、最適なコミュニケーションでの価値提供」が自動で回るように設計するのです。

ここでは「ユーザーの状況を把握し、条件が満たされたら指令を出す」というシステムが必要で、テクノロジーを活用します。ここでいう「指令」とは、具体的には以下のようなものが該当します。

（1）「パーソナライズされたレコメンド提示」
AmazonやNetflixなどによくあるように、「これを買った人にはこれがお薦め」「こういった動画を見ている人にはこれがお薦め」といった、個人に合わせたレコメンドの提示。

（2）「顧客の状態やレベルの評価」
ゴールド会員やVIPといった顧客のレベルを示したり、サービス上での行動に対してスコアを提示したりといった、いくつかの条件を満たした人に異なる権限を与えるもの。他にも、「この行動パターンを取っているユーザーは解約しやすい」といったフラグが出来上がっていることで、解約を食い止めるためのアクションを取ることができる。

（3）「アンケートの発信」
購入や予約の使いやすさ、利用したホテルの快適さのような感想を聞くために、決められた条件下で配信される。平安保険のようにレベ

ルの高いシステムになると、アンケートが飛び過ぎないように、「1週間に2通以上のアンケートを送らない」といった条件指定がされる。

　このように作動するシステムの「条件、指令」は、世界観や成長シナリオを実現する、または、競合サービスに差をつけるという目的で、人が設定するものであり、アーキテクチャーにおいて「どのような状況を多く発生させるのか・少なくするのか」は、この設計に明確に表れます。

　2020年5月に、Netflixが「一定期間サービスを利用していない会員に対し、契約を継続するかを確認し、反応がない場合は自動解約する」ことを発表し、「なんという優良企業！」という絶賛の声を各地で浴びていました。これはまさに「自動化する体験」の設定、つまり自動判別した設定に合わせて判断する仕組みで、この仕組みの中で、その企業の社人格や精神性を見せている点は素晴らしいことだと思います。

　こうした機能は他社にもあり、例えばAmazonでは、一度買った書籍をもう一度買おうとすると「20XX年X月X日に既に購入しています。もう一度購入しますか？」と聞いてくれます。ビジネスチャットアプリのSlackは、アカウント数でチャージするモデルですが、登録アカウント数にかかわらず、実際にSlackを利用しているアクティブなアカウント数でチャージします。このような「善意ある行動」ばかりをせよというわけではありませんが、こうした一つひとつに社人格が表れます。ユーザーと商品のマッチングばかりを自動化する企業とは大きな差が開いていくことでしょう。

　こうした指令は完全にデジタルの中で完結するものだけではなく、

「システム側が出した指示に従って人が作業する」といった内容も含まれます。例えば「特定の場所に来るユーザーを出迎える」「不満を持ったユーザーに電話し、謝罪と問題点を聴き、改善を約束する」「店舗に来店したユーザーの過去のサービス利用記録などから、店舗スタッフに最適な接客を提案する」などが考えられます。

　ここに、技術力の高さに裏付けされた機能（テクノロジーエッジ）が加わることで、競合ではできない仕組みにすることも可能ですが、「技術が先にある」というよりは、このようなUXを実現したいという思い、狙いが先にあって、それを実現するのに必要なデータがあるか、技術的に可能か、といった順番で考えることが通常です。「こんな技術があり、こんなことができる」という視点から始まると、余計な機能で「自動化する体験」のシステムのコンセプト・思想がねじ曲がり、本来そんな大層な機能を使わなくても実現できることを無理やり行うせいでシステムに余計な負荷がかかることがあります。

　コア体験、高頻度接点、成長シナリオが描かれ、それが「自動化する体験」としてのシステムに落とし込まれ、ビジネスとしてのスケールアップと組み合わさって持続成長が可能な状態が作られると、それはまさに「アーキテクチャー設計」と言えるでしょう。当たり前ですが、**リリースがゴールではなく、リリースするということはアーキテクチャーを動かし、育てていくプロセスが始まることで、むしろこの後からが本番です。**

▎4-8 UXインテリジェンスのケイパビリティ２
グロースチーム運用のためのUX企画力

　ケイパビリティの２つ目として、実際にサービスやアプリ・ウェブ、デジタル融合店舗などを運営し、改善していく際のUX企画力について説明します。

　イノベーションや新規事業ばかりがDXの例として示されますが、本当に必要なのはグロース業務（行動データやユーザーの状況洞察から既存のジャーニーを改善し、成果を上げていく活動）ができる組織ケイパビリティであり、この力がないと新規事業を作っても満足に運用できず、立ち上げて終了になってしまいます。**アフターデジタルに対応するすべての企業が、この組織ケイパビリティを持つ必要があります。**

　多くの企業は「コストを下げつつ品質の良い製品を作る」「その良さを表現する」「たくさん売る」といった、製品販売をゴールとしたケイパビリティは既に持っていますが、「ユーザーが普段サービスをどのように使っているかを知る」「ユーザーの困りごとに優先度をつけて対応する」「ユーザーの生活がより良くなるコンテンツを毎週発信する」といった、顧客の成功や自己実現を助けながら寄り添うケイパビリティをほとんど持っておらず、これではビジネスモデルをバリュージャーニー型にしたところで、運用できずにユーザーが離れていってしまいます。

　アフターデジタル時代には不可欠だが、現在の日本の組織に不足し

ている、「ユーザーの状況を把握して対応するUX企画力」を説明します。これがなければ、バリュージャーニーの運用を組織に定着させることは難しくなります。

人とテクノロジーの共創　Ideation by Data

　バリュージャーニーの運用は、ジャーニーボードをいかに改善・更新できるかにかかっています。この作業は事業成長を目的にしながら、ユーザーインサイトを基に、「人がUXの改善やシステムの更新を企画する」ことを指します。

　テクノロジーの業務への活用方法には、「人間を介在させずに自動化するタイプ」と「人間と協業するタイプ」の２種類があります[注]。「UX企画」という分野はまだまだAIに実行できるものではないため、後者のような「いかにテクノロジーで人の価値を増幅させるか。いかに人の企画を支援し、共創できるか」が鍵になっていると言えるでしょう。人が行う業務は「**ユーザーの状況理解を基に、今までにないものを追加すること**」であり、具体的には「新機能の追加」「新たなコンテンツ作り」「サービス上の導線変更」「新しい自動化条件の追加」などが該当します。

注：OMOの開祖、李開復氏はその著書『AI Superpowers』で、AIと人間の共生によって新たな職業が生まれてくるだろうという見解を示しています。これは彼のTED講演「How AI can save our humanity」（https://www.youtube.com/watch?v=ajGgd9Ld-Wc）の12分30秒あたりから見られ、共感性の有無、最適化かクリエイティビティーか、という２軸で４つに分けられています。本書での整理も、彼の「最適化かクリエイティビティーか」という軸を参考にしています。また、AIと人間の共生モデルは、野口竜司氏の著書『文系AI人材になる』（東洋経済新報社、2019年12月発行）でも、AIと人間の分業のバランスを５つに分類しています。より深くテクノロジーによる業務設計を行う際、この書籍もお薦めします。

　これまで、ユーザーの状況を理解しようとする場合、個別インタ

ビューやグループインタビューなどの定性手法か、アンケートによる定量手法が主流でした。こうした手法の多くは「ユーザーの声」ではあるものの、ユーザー自身が嘘をつくつもりはなくとも記憶が曖昧だったり、本当の感情を表現できなかったり、ユーザー自身の答えにぴったりの選択肢がなかったりします。いかに真実に近い情報を得られるかが、ユーザー理解の肝でした。

　膨大に行動データが出てくる時代の「ユーザー理解」は、その人たちの行動履歴がデータとして残り、それを基に「どこで違和感を抱いているのか」「どんなコンテンツが好きなのか」といったことが理解できるため、圧倒的に解像度が高まります。「タイミング・コンテンツ・コミュニケーションを最適化する」といった自動化とは異なる手法として、このように**ユーザーの状況を把握し、ユーザー理解の解像度を高めることで人間の思考や企画を助けることが可能**になり、膨大なデータから判別されることで、人間の限られた処理能力では見落としていた課題に気付けるようになります。テクノロジーの役割としては、以下のような支援例が挙げられます。

（1）「ユーザー行動のパターンや状況分類の整理・提案」
　ユーザーの行動の中で、ビジネス成果やユーザーの成長につながっている「成功パターン」を提示したり、そうした行動パターンからセグメントを整理したり、新しい条件フラグの可能性を提示したり、といった形で、人に対してヒントや施策の種を出す支援。

（2）「仮説や施策結果のチェック」
　「ユーザーが思った通りに使っているか」「何人が想定通り動いているか・いないか」まで検索して確認することで、検証の精度を圧倒的

に高める支援。

　こうした処理をするには、ユーザーの同意を得た上で、「**Aさんの行動履歴**」といった形で、**全行動データがユーザーIDにひも付けられ、時系列に並んでいる**必要があります。ユーザーIDごとにデータが整理されている、と言い換えることもできます。業種やサービスによっては個人名や属性データとつなげる必要はありません。これは「藤井保文という30代男性が何かをした」というデータは不要で、「ID番号054321のユーザーが、過去に2回購入直前で利用をやめ、それ以降半年サービスを使っていない」「同様の行動パターンでサービスを退会したユーザーが1,000人いる」と分かっただけで十分に目的が達成されることも多いでしょう。属性データや実名にひも付く価値が高い場合は実名につなげる必要がありますが、目的次第ではつなげなくても十分な企画や改善ができるかもしれません。

　こうしたことを実現するには、関連するサービス群のIDが統合されている必要があります。単一のサービスであれば特に苦労はないですが、複数の事業、サービス、接点ごとにまったく別のIDで管理されている場合には、これらをまたがった統合に苦労するでしょう。

　さらに、それらの行動データが時系列に並んでいる必要もあります。行動の順番や、各行動の時間の長さを知ることで、文脈類推ができ、ユーザーの状況を把握できます。「Aさんは今年、動画を100本見ている」というデータと、「2カ月前までは月2本程度しか見ていなかったのに、とあるドラマシリーズを見てから、そのドラマに出ている俳優が出ているドラマとバラエティを中心に平均1日1.5本見るようになっている」というデータでは、得られる価値に大きな差があ

ります。順番だけでなく行動の長さまでを把握する分析をシーケンス分析と呼びます。たいていの場合、このシーケンス分析ができるようなデータ形式になっていないでしょう。自社でこのような環境を構築するのに時間がかかってしまう場合、まずケイパビリティをつける意味でも、提供されているサービスを利用する方法もあります。

　こうした条件がそろうと、**これまで以上に確かで細かな事実（データ）に基づいて、テクノロジーの支援を受けた企画や発想が可能になり、クリエイティビティーを今まで以上に発揮する**ことができます。こうした企画や発想をデザインシンキングでは「Ideation」（アイディエーション）と呼びます。データサイエンスとAI技術で組織全体の発想力を底上げすることを、私の所属するビービットでは「Ideation by Data」と呼んでいます。機能やコンテンツ作りは才能が必要ですが、自転車や自動車を使えば世界一足の速い人よりも速く移動できるように、より良いUXを作れば成果を出すことが誰でも可能になります。

UX企画業務における共感の技術

　UX企画でやりがちなのは「課題を見つけたらそれに対応する」という直線的なやり方です。例えば、「1カ月以内に4回購入した人は、その後定着する傾向にあるので、そういう人を増やそう」と考え、3回購入した人に期限付きの4回目購入用クーポンを配ることがよくあります。果たしてこれは、「顧客の状況に即したUX企画」と言えるでしょうか。確かに顧客の行動データを基にした企画ですが、想像力やクリエイティビティーはまったく活用されず、短絡的な解釈と解決策になっています。実際、無理やり4回目購入用のクーポンは使ったものの、定着には至らないケースがほとんどだと思います。

以前、とあるギフトサービスでは、上記に近しい傾向が見られたそうです。同社は顧客の状況を理解するため、さらに深掘りした分析を行ったところ、2つの特徴があることに気が付いたそうです。1つは「2人が定期的にギフトを贈り合っている行動」です。これは、カップルが互いに贈り合っていると考えられます。もう1つは「多くのユーザーが1人に向かってギフトを贈っている行動」でした。これをさらに調べてみると、どうやら「地下アイドルに対してファンがギフトを贈っていた」のです。同社の担当者も「なるほど、そういう使い方があるのか」と、はっとしたそうです。

　つまり、「1カ月に3回購入する人」「1カ月に4回購入する人」の違いと、定着するかどうかには何の因果関係もなかったのです。仮に3回購入した人に「4回目用クーポン」を送っていたとしたら、定着する可能性のない人に投資してしまう赤字施策になってしまっていたわけです。

　「小さなギフトを送れるサービス」の担当者らは、アイドルにギフトを贈る使い方を促進するプロモーションやブランディングを行うことで、アイドルのファンをオンボードすることに成功しました。さらにもう一段深く「同じような『軽くて簡単なギフトで、思いを示しながら、やり取りの頻度を高くしたい状況』は他にも発生するはず」と、状況レベルにまで入り込んで考え、ミュージシャンに転用したり、アイドルのライブ配信における投げ銭に使ったり、といった別の手法も考えています。

　「なぜそのような行動をしたのか」「なぜ行動に違いが出るのか」という理由と状況を考え、想像し、理解することで、提示するソリュー

ションはまったく異なり、本当にターゲットにすべきユーザーたちに向けたUXが企画でき、成果も出るようになります。このUX企画の実現は、ビジネス視点でユーザー行動を眺めたり、ユーザーを個ではなく集団として捉えたりしている限り、絶対に成し得ません。「自分だったらどんなふうに使うのか」「人がこんなふうに使うのはどんなときか」と、想像力を働かせて自分のこととして考えることで、初めて顧客の置かれた状況を理解でき、その状況を支援したり加速したりする施策が打てるようになる、ということです。

　こうした能力に得意不得意は多少ありますが、基本的には誰にでも備わっています。行動を可視化し、業務プロセスさえデザインされれば、商品やサービスに愛を持っていて、ユーザーを想像することが好きな人たちがなるべくたくさん集まることが重要になります。業務の型さえ変えられれば、これまでの経験を十分に生かすことができますし、個の力ではなく組織ケイパビリティに転換可能です。

　アフターデジタル社会におけるビジネスの勝ち筋はこうです。すべての起点に「ユーザーの置かれた状況を理解する」という共感の技術が使われ、より良いUXを作り、UXが良いから行動データが高頻度にたくさんたまり、それによってさらにUXが高められる。こうしたループを回せる企業・サービスにユーザーが集まり続け、他社を圧倒するのです（**図表4-8**）。

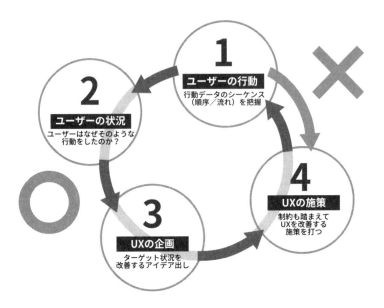

図表4-8　アフターデジタル社会におけるビジネスの勝ち筋

UXインテリジェンス：ケイパビリティの要点

　アフターデジタルに対応する能力は、「バリュージャーニーを設計するUX企画力」であり、この作業すべてに通底し、「ユーザーの置かれた状況を理解する」というプロセスを仮説検証型で実施する必要があります。バリュージャーニーは、次に示す3つのプロセスを通じて実現します。

（1）コンセプトフェーズでは、「企業の系譜と環境変化の定義」と「ユーザーの不幸せな状況を幸せな状況に転化する方法の思考」を通して、より受け入れられる世界観を作り上げます。

（2）ジャーニーボード設計フェーズでは、まず顧客を魅了する「コア体験」を見いだすことが重要です。これが決まった後、どこで儲けるビジネスなのかを考えながら、「ユーザー成長シナリオ」「高頻度接点の設計」「体験を自動化するシステム」を設計します。

（3）運用フェーズでは、テクノロジーを活用してユーザーの状況を可視化することで、人が仮説構築、企画、発想をしやすくします。

▌4-9　第４章のまとめ

　もう一度全体構造図を使っておさらいします（**図表4-9**）。UXインテリジェンスとは、アフターデジタル時代に必要なビジネスモデルである「バリュージャーニー」を作って運用することが目的になりますが、前提となる精神がないと社会に受け入れられません。

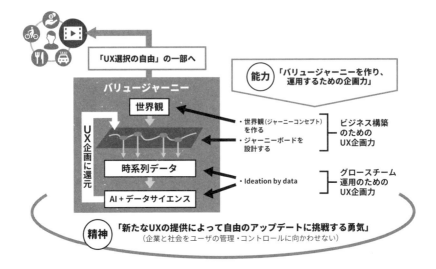

図表4-9　UIインテリジェンスの全体構造図

（1）デジタルとリアルが融合し、オンライン前提となったアフター
　　 デジタル社会は、UXとテクノロジーを使うことで１つの企業が
　　 アーキテクチャーを作ることが可能になった。

（2）その分、データを悪用したり、ユーザーを監視・管理・コントロー
　　 ルしたりすることも可能で、こちらに進むと社会発展が止まるた
　　 め、断固として防ぐ意志が必要になる。

（3）DX・UXに携わるすべてのビジネスパーソンは、ユーザーに不義
　　 理を働かず、在りたい自己実現ができる世界観や、心の底から共
　　 感する世界観を提供しているUX（バリュージャーニー）があふれ、
　　 UXの善さを競う環境になることで、ディストピアではない「多様
　　 な自由が調和するアフターデジタル社会」を目指すべき。

　AI・データをはじめとするテクノロジー前提・オンライン前提社会において、企業から発信する新しい自由の在り方（アップデート）を示し、これに挑戦し、ディストピアを防ぐ勇気を持とう、というのが前提となる精神です。

　これを持った上で、その実現（つまりバリュージャーニーを作って運用すること）において最も重要なケイパビリティが「UX企画力」であり、すべてに通底するのは「ユーザーの置かれた状況を捉える」ことです。これには「ビジネスを構築するためのUX企画力」と「グロースチーム運用のためのUX企画力」の2つがあります（図表4-10）。

**大きな飛躍の企画力が要求される
「世界観とジャーニーボードの企画」**

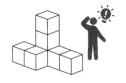

その商品・サービスがなぜあるのか？を解明し、その根本的な課題を解決する新しい商品・サービスのUXを生み出す

**Free from から
Liberty to への昇華**

問題の潰し込みの先に、「この体験は魅力的か？」という問いが生まれる

思い描いた体験を具現化していく過程で、解決すべき問題が浮かび上がる

**絶えざる改善の企画力
が要求される「グロース業務」**

現在ある商品・サービスの
UXを改善していく

主に Free from の解消

図表4-10　2つのUX企画力

　この2つを行うことでバリュージャーニーが実現されますが、これはアフターデジタル社会にとって「UX選択の自由における選択肢の1つ」としてのUXを提供しており、こうした「今まで以上の自己実現を可能にする、自由の選択肢」を皆さんとたくさん作り、それがあふれる社会にしたい、という願いと方法論が、本章のメッセージになります。

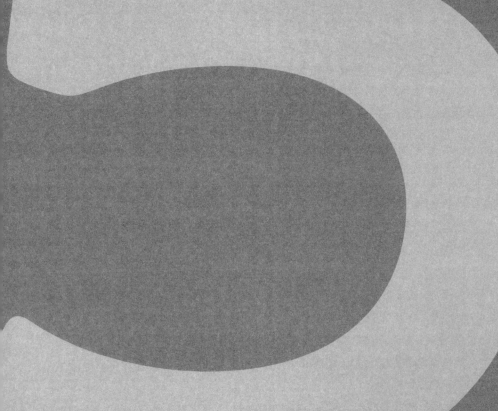

第 5 章

日本企業への処方箋
あるべきOMOとUXインテリジェンス

AFTER DIGITAL 2
Liberty & UX Intelligence
YASUFUMI FUJII

5-1 流通系OMOは「オペレーションと UXの両立」が肝要

　いよいよ最終章です。ここまで概念と海外事例を中心に論旨を展開してきました。本章では日本企業への処方箋を示します。残念ながら、誰もが簡単に成功できる理論は存在しません。現実に市場に落とし込もうとすると、うまく理論が適用できなかったり、やったことがないので本当にそれで合っているのか分からなかったり、会社や組織が動かずに時間だけが過ぎていったり、といった様々な壁が待ち受けています。

　ただ、既に日本でも、アフターデジタル対応として素晴らしい事例があります。そうした事例を見つつ、各社はどのような試行錯誤をしてきたのかをなぞることで、実践イメージをよりクリアにできると思います。

実践される流通系OMO

　本節では流通系OMOを取り上げます。「3-2 来るOMO、来ないOMO」で提示した「流通革命としてのOMO」「接点革命としてのOMO」という枠組みを使い、日本で取り組まれるOMO的活動から重要なエッセンスを引き出していきます。

　以前、ある方と対談した際、「OMOとはマーケティングのチャネルの話ではなく、全社で取り組まねばならないが、なかなか難しい」という話を聞きました。企業は簡単には動きません。例えば下記の３つ

は、ユーザー目線で見ると「これくらい、対応してくれてもよいのでは？」と思われやすい一方、企業側の都合で実現が難しい例です。

・オンラインで実施したことは店舗に連携されている。
・コールセンターに電話したらすぐ自分の状況を察してくれる。
・商品の受け取りは、そのとき一番便利な方法がもちろん選べる。

　「企業論理・企業都合によって実現できていないといった**現状を打ち破り、UX（ユーザーエクスペリエンス）を中心に置いてすべてを設計し直さなければなりません。それが『OMOを実現する』ということであり、だからこそ実現した結果、非常に強い競争力を持つんだよね**」と、その対談では盛り上がりました。流通系OMOでは、「ユーザーにとってそのとき一番便利な方法を提示する」ことを実現するために、どうしてもリアルのリソースを厚くして対応せざるを得ず、コストが爆発する傾向にあります。成功した事例は、どのような思考でこれらをうまく成り立たせたのでしょうか。

　流通革命では、オンラインで当たり前といわれることを、オフラインでも実践していく必要があると書きました。例えば、「オンラインでファイルをダウンロードするように、どこにいようがすぐに商品が手に入る」ことを実現する必要があります。これは簡単ではありません。配送業者に依頼すると配送料が高くなり過ぎますし、自前で配送の仕組みを構築するのは難易度が高くなります。実際、多くのD2Cブランドはそこまで高速な配送を実現していません。

　このため、流通における「物流・配送」でのOMOは、Amazonやヤマト運輸などの物流に強い会社による実践が期待されます。

Amazonの「置き配」

Amazonの「置き配」は非常にOMO的です。宅配ボックス、玄関、ガスメーター、車庫、自転車かごといった選択肢から「置き場所」を指定しておくと、指定した場所に置いてくれて、置いた後に配達員から「ここにこんなふうに置きました」という写真がメールで送られてきます。まさにユーザーの論理からすれば、「それくらい、前からやってくれていてもよかったんじゃないか」と思うようなことなのですが、企業目線の論理からすると、「もし盗まれたらどうするのか」「風に飛ばされたり、雨にぬれたりする可能性がある。そのときはどうするのか」といったリスク・不確実性から、なかなか正式には実施できませんでした。とはいえ、実は少し郊外に行けば、配達員から電話がかかってきたときに「今不在なんですけど、こっちで責任を持つので、ガスメーターの中入れておいてください！」といったやり取りは既にされていました。

置き配は、ユーザーにメリットがあるだけでなく、配達員側の効率も向上させることができます。従来は不在だと荷物を持って帰り、ユーザーから電話がかかってきたらまた同じところに行かねばなりませんでした。効率は非常に悪かったのです。置き配が受け入れられれば、不在でも再配達不要になります。Amazonはエリアを限定した実証実験を行い、モラルハザードや盗難は起きにくいことを確認した上で実践しています。ユーザーからすると家にいる必要もなく、家にいたとしても対応する必要がない「受け取り方の融通無碍」と、企業からするといちいち同じところに何度も行くことのない「安定した配達オペレーション」を両立させているわけです。

　なお、Twitterで「置き配したら盗まれた」と書いた瞬間、Amazonの公式Twitterから相談窓口のURLが飛んできて、トラブル対応をしてくれるそうです。その迅速さと素晴らしさに感動した、という話もあるようです。どうしても起きてしまうトラブルに対して、多少泥臭くてもきちんとSNSを巡回しつつ、対応の手厚さによってピンチをチャンスに変えていますし、なるべくコミュニケーションの齟齬（そご）がないように、置いた荷物と周辺の写真を送る対応を行っているところは、さすがと言わざるを得ません。「OMOというには小さい事例だ」と感じるかもしれませんが、多くの企業がこうしたリスクを解消できず、実現せずに終わっています。ユーザーにとっては、このような体験の有り無しが、サービスを選ぶかどうかを大きく左右しますし、企業論理ではなくUXを中心に据えられるかどうかは、企業・サービスとして天と地ほどの開きがあるため、これはOMO的事例です。

ヤマト運輸のフルフィルメントサービス

　これに対してヤマト運輸も、ユーザー側の論理に対応する新たな物流サービスを提供しています。「フルフィルメントサービス」と呼ばれる新サービスで、2020年3月に、PayPayモールおよびYahoo!ショッピングの出店ストア向けに展開しています。通常、モールに出店しているストアは、受注が成立すると、データ処理、領収書や納品書の発行、梱包など、様々な業務を行った上で出荷し、出荷してから運送業者の仕事になります。

　フルフィルメントサービスでは、受注以降の作業をすべてヤマト側で業務代行します。出店ストアに対しては、出荷作業の負担軽減や、物流にかかる人的コスト削減といったメリットがあります。一方で、

ストアの営業日かどうかにかかわらず出荷可能になり、受注から出荷までのリードタイムを短縮できるため、ユーザー側も「翌日配達」で受け取りやすくなるなどのメリットがあります。もちろん、モール事業者にとっても、他モールとの差異化を図ることができるので、メリットがあります。

このような配送ソリューションが提供されたり、提携によってユーザーメリットの大きいサービスが展開されたりすることで、流通としてのOMOが実現しやすくなります。実際、ラッキンコーヒーも物流は順豊エクスプレスと提携してデリバリーしています。この順豊エクスプレスは、中国においてユニクロとも提携しており、ユニクロのアプリ経由で購入した商品を1時間以内に配達しているそうです。

オペレーションエクセレンスとUXの追求
クリスプ・サラダワークス

新型コロナウイルス以降、フードデリバリーはこれまで以上に一般的になりましたが、日本は人的コストが高く、需要もそこまで多くありません。それでも、モバイルオーダーをしておいて自らピックアップするような仕組みは非常に有効だと思います。

この観点から1つの事例を紹介します。クリスプ・サラダワークスという、具材などを自由にアレンジできるカスタムサラダ専門レストランがあります。2014年末からスタートし、2017年にはモバイルオーダーアプリ、2018年には完全キャッシュレス・レジレスの店舗を開いています。創業社長の宮野浩史氏のブログには、ビジネス街での混雑時1時間当たりの提供数はこれによって1.7倍近くまで伸び、

現在では60％以上の注文がモバイルオーダーやセルフレジなどのデジタル経由のチャネルで発生しているそうです。

　かなり早い段階からデジタルで買えるようにしたのは、オープン当初から人気で、行列ができたことにあります。お客様を待たせてしまいイライラさせてしまったことがあるほか、提供スタッフにとっても、ひたすら作り続けるためまったくうれしくも楽しくもないという状況だったのです。「お客様から評価されて混めば混むほどクオリティが下がっていく」状況を何とか解決できないか、と考えたそうです。

　宮野氏のブログには以下のように書かれています。

　例えば夜にスーツ姿のお客様が来たら「まだ仕事だったんですか？夜遅くまで大変ですねぇ、今日も1日お疲れ様でした！」ちょっとしたことだけど、そんな一言こそがお店の価値であり競争優位性であり、注文や購買に必要ない無駄な会話や行為こそが飲食店が飲食店にしかできない価値を生み出す源泉のはず。

　だったら機械でできることは全部機械に任せて、人間は人間だけが価値を生み出せるような人らしい行為に時間を使えるようにできないか？そうしたらもっと接客の仕事も楽しくなって人気職業になるかもしれないし、お客様も商品や価格だけでお店を選ぶんじゃなくて、もっと人と人とのつながりで飲食店に来てくれるようになるんじゃないか？

　そう考えた結果が「よし、儲かったお金はとにかくテクノロジーに投資して、既存の飲食の在り方を全部再定義しよう」とい

う決断でした。確か2016年くらいだったと思います。

　モバイルオーダーやセルフレジの導入でスタッフのオペレーション
は楽になり、生産性も心理的な健全性も向上しました。お客様も、長
い間列で待つ必要はありません。アプリが使えないお客様や一見さん
にとっても、常連さんや若い世代がアプリで先に頼んで取りに来る分、
列は短くなるわけです。

　クリスプ・サラダワークスがすごいのは、自社でオペレーショナ
ルエクセレンスとUXを追求して生まれたこのモバイルオーダーシス
テムを、「PLATFORM」というモバイルオーダー運用ソリューション
のSaaSとして外販してしまうところです。モバイルオーダーがメイ
ンではありますが、キャッシュレスセルフレジと顧客データ管理のソ
リューションも併せて提供しています。

　「データやテクノロジーを使ってUXを良くすることができたら、そ
の自社が実現したUX運用やデータ活用を、そのまま業務スタンダー
ドとして外販する」というのは、アリババや平安保険も実施していま
す。2016年から人の役割を充実させるためにオペレーションをデジ
タル化し、突き詰めた結果、仕組みの外販まで可能にするというのは、
思考の仕方がまさにアフターデジタルそのものと言えるでしょう。

　モノをリアルで届けたり渡したりする必要がある場合、UXを中心
に据えるとオペレーション・労働力の問題が大きく膨れ上がるため、
これをどう解決して両立させるかが大きな論点になります。「お互い、
そのほうが楽だよね」という一種合理的な妥協を、テクノロジーで成
立可能にするというAmazonやクリスプ・サラダワークスのようなパ

ターンもあれば、重い負荷を軽くするところにソリューションとして入っていくヤマト運輸のようなパターンもあります。単に「オンラインとオフラインを融合させる」ことを考えているのではなく、UXとオペレーショナルエクセレンスの両立を追求した結果、デジタルとリアルの強みが融合され、すべてのステークホルダーに対する価値が高まるように設計されており、こうした思考の仕方自体、非常に参考になるように思います。

▌5-2 接点系OMOは 「ケイパビリティ調達」が肝要

互いに足りないケイパビリティ

　次は、接点系OMOを掘り下げます。新たなユーザー接点を作るためにOMOに取り組んでいる方々の話を聞いていると、面白いことに気付きました。オンライン企業とオフライン企業の悩みが似ているのです。

（1）オンラインが強い企業のOMO実践者の声（概して、O2O・オムニチャネル・OMO推進チームの方）
　　・策を打ち出したところ、「リアルでそこまでする必要はない、コストが無駄になる」と言われ、社内にまったく納得してもらえない。
　　・ようやく動き出したが、店舗運営・管理や、お客様との円滑なコミュニケーションなど、オフラインのケイパビリティがまったくない。

（2）オフラインが強い企業のOMO実践者の声（概して、これまでデジタルマーケティングを担当していた方）
- 「デジタルでできること」の目線がそろっておらず、目の前の売上に危機感を抱いていない上に、漠然とデジタルに未知の恐怖感があるため、デジタル融合のメリットを納得してもらえない。
- ようやく動き出したが、データを取得して活用したり、コンテンツを高速で作ったりする、オンラインのケイパビリティがまったくない。

オンオフどちらが得意にせよ、社内説得とケイパビリティという2つの壁が高く立ちはだかっていることが見て取れます。社内説得に関しては前著『アフターデジタル』の「4-3 日本企業が変わるには」に示しましたので、ここでは「どのようなケイパビリティが必要になるのか」を事例とともに示します。

成果を生み始める接点系OMO　メルカリ教室

接点革命としてのOMOの要点は、「リアル接点を軸に、デジタルをツール的に扱う」という従来型から、「デジタル接点を軸に、ユーザーの状況を捉え、リアル接点をツール的に扱う」という考え方に変化することでした。事例として、実際に成果も出している「メルカリ教室」を紹介します。

メルカリ教室とは、ドコモショップなどのリアルの場を通じてメルカリが主催している「メルカリ使い方講座」です。実際に売ってみたい商品を持参し、会員登録、購入、出品の仕方などを教えてもらいな

がら、その場で実際に出品までします。教室の時間中に売れてしまう
ことも珍しくないそうです。リアルの場所を使って限られた人数にし
か教えられないため、ユーザー数 2,000 万人を超えるメルカリにとっ
ては非常に非効率な活動に見えますが、**この教室を通して学んだ人の
LTV（顧客生涯価値）が高く、周囲にも広めてくれるため、経済合理性
（採算が合うか）が十分に成り立つと判断された**そうです。

　メルカリ教室には若い人ももちろん来ますが、シニアの人をイメー
ジすると分かりやすいでしょう。一般にシニア層はメルカリで売れそ
うなモノをたくさん持っていますが、メルカリの使い方が分からない
ので、例えば孫に代わりに出品してもらっているというケースは少な
くないそうです。このような方が、メルカリ教室で若いお兄さんお姉
さんと楽しくコミュニケーションしながら学ぶのです。実際に教室で
売れたときは周囲にも祝われて大喜びされるそうです。教室が終わっ
てシニアのコミュニティーに戻ると、「私、メルカリ使えます」とな
ると自慢できますし、その人が周囲に教えたり、教室をお薦めしたり
することもあります。

　「3-3 『デジタル注力』の落とし穴」にて、「ハイタッチ、ロータッ
チで得られた信頼や関係性を、テックタッチでの高頻度な行動に還元
し、テックタッチで得られたユーザー行動を基に、再度ハイタッチや
ロータッチに誘導したり、別のアクションをお勧めしたりしています。
このように、デジタルとリアルの接点におけるそれぞれの強みと弱み
を使って、相互に行き来できるような UX を作っていく」と書きました。
メルカリ教室はこれを実践していると言えます。

　若い子たちに教えてもらったうれしい体験、丁寧なインストラク

ションで使えるようになった信頼、加えてその場で売れた場合は感動的な思い出が、スムーズなメルカリへのオンボーディングとなり、さらに自身がより学ぶためにもう一度教室に行ったり、周囲の人にお勧めしたりするという好循環が生まれています。

中国で平安保険やNIOで実践されていた理論ではありましたが、実際に日本においても「成果を生む施策である」ことが証明されて幅広く展開されており、リアルチャネルを使ったオンボーディングによるLTV向上事例というだけでなく、デジタルが苦手な層をどう巻き込んでいくのかという意味でも非常に示唆に富んでいると思います。

もともとウェブサービスであるメルカリには、場所に人を集め、盛り上げながら教えるという専門家はいません。前述の通り、「リアルオペレーションのケイパビリティがない」という状況の中、ドコモショップには「ドコモスマホ教室」があり、LINEやメルカリなどサービスの使い方を教える場と人材が既にあったことで、スムーズに実施できたことは間違いないでしょう。

2020年2月にオンラインで開催された「Mercari Conference 2020」では、数多くのリアル連携プロジェクトが発表されました。メルカリ教室の成功事例があるからこそ、組織的に注力できたのでしょう。そのうちの1つに、丸井グループと協業する「メルカリステーション」があります。出張所のような場をマルイの店舗の中に設け、そこでは「メルカリ教室」に加え、出品する商品の撮影ブース、売れた商品を投函するだけで発送できる「メルカリポスト」などの機能が展開されています。売り場運営や接客のノウハウを持ったマルイの社員によって運営される形式になっています。

　オンラインサービスとオフライン小売では利益構造もケイパビリティもまったく異なりますが、双方にメリットがあり、ケイパビリティを補完し合える並走パートナーとして協業することで成功確率を高めている事例と言えます。アリババのOMO型スーパーであるフーマーでも、リアルオペレーションの人材登用や、スーパーとの協業を何度か行っています。Amazon.comがホールフーズマーケットを買収するなど、海外事例においても同様のケイパビリティ調達が行われていることが分かります。

補完し合うエコシステムの考え方
丸井グループから見た場合

　ケイパビリティを補完するパートナーシップを検討するに当たって、丸井グループ側の視点から見ることは有意義です。青井浩社長率いる丸井グループは、「信用の共創」「売らない店舗」といったキーワードを掲げながら、アフターデジタルへの対応に全社で取り組んでいます。

　実は一度、青井社長に、アフターデジタルへの対応を踏まえて「こういうことを考えておられるのではないかと思うのですが、どうでしょうか?」とお聞きしたことがあります。そのときのことを、以下にまとめてみます。

　メルカリとの協業以外に私が丸井グループに着目したのは、「D2C&Co.」というD2C支援に特化した子会社を立ち上げていたことでした。事業内容として、D2Cブランドへの投資・融資、リアル店舗の出店、運営支援、D2Cブランドのキュレーションサイトの構築などです。

丸井グループが掲げる「売らない店舗」を「サービス・体験を主に
した店舗」とした上で、青井社長は、「日本は製品からエクスペリエ
ンスへとシフトしていく過渡期であり、丸井グループはサービス・体
験に軸足を置くことで未来の店舗を作りたい。その中心になるのが
D2Cであり、それは彼らがモノを売るのではなくて、世界観を売って
いるからである」と発言されています。

　これを聞いたとき、第4章で示してきた世界観と同じ絵を描いてい
らっしゃると感じ、「なるほど、**独特の世界観ビジネスを展開する企
業が次々と生まれる中で、そうしたデジタルネイティブ企業に対して
のリアルビジネス用プラットフォームを提供しようとしている**」と理解
しました。その意味では、第2章で説明した「衆安保険」と近しいポ
ジショニングを取っているように見えます。

　ここまでの私の見立てを聞いた青井社長は、「見ている社会像はそ
の通りだが、**リアルビジネスのプラットフォームというよりは、同じ
絵を作り上げるエコシステムのように見ている**」と話されました。

　D2C & Co.と協業する、ネットショップ作成サービスBASEのCEO、
鶴岡裕太氏によると、ネットショップを出店する方の要望として多い
のは、「実店舗の展開をしたい、それをサポートしてほしい」という
声だそうです。ただ、BASE側はネットなら分かるが実店舗のノウハ
ウはない、という状況なので、それならば、「世界観を大事にするブ
ランドやスモールビジネスがたくさん生まれる社会を一緒に作ろう」
と考えたそうです。

　実際、D2C & Co.ではリアル店舗の出店支援として、年間2億人が

来店する全国のマルイで、ポップアップショップや常設店など、期間や面積に柔軟に対応した出店機会を用意し、什器や内装といった売り場作りのノウハウや、店舗運営や接客のスキルにたけた丸井グループ社員による店舗運営の受託なども行うそうです。

　丸井グループの強みは、場を持って店舗を貸すことができるだけでなく、リアル店舗に強い人材による運営受託もできることです。それらを必要としているメルカリやD2C企業と、互いにケイパビリティやビジネスメリットの補完関係を作っていると言えるでしょう。

　ではこのとき、組めてOMOが実現できればどこでもよいのかというとそうではなく、**「同じ絵を作り上げるエコシステム」**という言葉が非常に重要になります。

　丸井グループでは、「信用の共創」をコアバリューとして掲げています。これはいわゆる与信、信用を与えるという言葉の反対にあるものだとしており、若くてやる気も野心もある人が、ただ若いというだけで信用してもらえず、クレジットカードが作れないという状況に陥るのが与信的な考え方だとすると、「丸井グループ側もあなたを信用することで、信用を共に作り上げる」というのが信用の共創だそうです。

　「若い世代への先行投資」と言うこともできますし、ターゲットとする状況を、仮に「お金のやりくりに苦心しつつ、なるべく良いものと出合いたい」とするならば、メルカリやD2Cブランドとかなり近い状況です。メルカリは、自分の持っているものをお金に換えて新しいものを人から安く買えるサービスです。D2Cは、構造上、間を介さず

215

にブランドと直接取引できる分、良いものを比較的安価に買うことができます。

　このように、「信用の共創」「世界観型ビジネスがたくさん生まれる社会」に見られるような、成し遂げたい世界、提供価値、ターゲットとする状況において、シナジー効果が得られやすい企業（または潮流）と組むことで、ユーザーから見て世界観が統一され、またケイパビリティの相互補完もやりやすくなります。逆に成し遂げたい世界や提供価値が曖昧だと、エコシステムを作ることさえできずに孤立していくこともあるかもしれません。

▌5-3　DX推進に立ちはだかる壁

　DX（デジタルトランスフォーメーション）を推進する方々の前には、既に書いたような課題以外にも様々な壁が立ちはだかります。これまでは思想や観点、ケイパビリティ、方法論など、組織を外から見たときの話を中心にしていましたが、実際には組織内部の課題が非常に多いのが実情です。

　前著『アフターデジタル』では、日本企業はなかなかトップダウンで変われないため、変革ラインを作っておきながら成功事例を作ることが重要であると書きました。具体的には以下のようなポイントです。

（1）経営レベルがアフターデジタルの世界観を理解し、OMO型でDX

を行う必要があると認識する。

（2）社長－役員－部長－現場で、同じイメージを共有して実行するラインを作る（デジタル部門などが対象になることが多い）。

（3）行動データ ×エクスペリエンスのクイックウィン（小さい成功）を作り、上が引き立ててムーブメントにしていく。

（4）成功事例を大義名分に、組織構造やデータインフラを整える大きな動きにしていく。

　本書の最後では、組織変革の内面にもう少し入り込んで、実際に行われている努力や活動からの学びを、以下の3つの観点で説明します。

・見るべき絵と対話型思考
・サービサー化に取り組むDXとそのきっかけ
・大義とビジネスモデルによる社内説得

対話型思考による有機的組織

　「今世の中がどのように変化しているのか」というアフターデジタルの理解と、それによって自社がどのような環境変化に置かれ、競合や海外勢がどのような動きをしているかを理解することは前提となります。私の周辺では、それこそ前著『アフターデジタル』を読んでいただいたり、私が講演や勉強会を行ったり、中国視察にお連れしたりすることで、変革における幹部の考え方をアップデートする、といったことを行っていますし、他にも様々なやり方があるでしょう。

しかし、アフターデジタルという変化を理解し、皆が追う絵を提示できて、戦略やビジネスモデルを仮に書き換えられたとしても、それだけでは組織は変われない、と丸井グループの青井社長は言います。「組織戦略の基盤となっているのは、それを実行する社員であり、それを形作るのは組織文化である」とした上で、「**命令型組織ではもううまくいかない時代になっていて、対話型組織でないとDXは実現しないのではないか**」と提起されます。

　命令型組織というのは「言われたことを最高品質で実現するから指示をくれ」というものです。「このスペックの商品を作る」「この商品をできる限り多く売る」という、方向性や指標が明確で分かりやすい場合にこの組織は非常に強いのですが、意味のレイヤーになった途端にこの組織は弱くなります。

　しかし、多様に解釈できる概念で世界観を表現されて「これをやろう」と言われても、「よく分からないので、明確にタスクとして教えてください」となりがちですし、社長や上司がなんとなく例で挙げた「例えばこんな感じのやつとか」という言葉をそのまま受け止めて、そのままやってしまったりすることもあります。

　対話型組織とは、「この世界観とは、自分の事業においてはこういうことなんじゃないか」「今皆で合意に至ろうとしているこの方針は、世界観や提供価値に合っていないんじゃないか」といったことを現場で考え、対話し、それによって経営者も言葉にできなかったような、より良い表現や価値提供ができる組織です。バリュージャーニーで価値を提供する時代において、様々なユーザー接点を担当するメンバーそれぞれが自ら考え、体現しながら動かないとスピードが遅過ぎるの

です。ただし、当然ですが、対話型組織は、社長や上長からの十分な説明や発信があって初めて成り立ちます。

　こうした組織文化は一朝一夕には作れませんが、仕組みで大きく改善することが可能です。例えば、GoogleのTGIF^{（注）}のように、ビジョンを伝える役目を持った人の発信量を増やすことで、経営が描いていること、考えていることを会社のメンバーが知ることは必須と言えるでしょう。よくある「スローガン」は、かなり言葉を削ぎ落とした詩的な表現になっているので、十分な説明や発信なしに「自分で考えてみて」ではあまりに非効率です。

注：TGIFはThank God It's Fridayの略で、Google本社が創業当時から行っている全社会議。従業員は経営幹部にどんな挑戦的な質問でもすることができる。なお、ややこしいことに、現在は木曜夜に行われている。

　具体的にはどのような意味なのか、なぜその考えに至ったのか、どういう未来を良しとしているのか、最近の書籍・記事・動画などでシェアしたいものは何か、社内事例のどれを評価しているのか、といったことを話す機会はこれまで以上に重要です。逆に組織のメンバーは、「うちの社長はいろんな所で無駄に発信している」と考えるのではなく、それは社内に向けたメッセージとして発信していると理解すべきでしょう。

　トヨタ自動車がトヨタタイムズという自社メディアを作り、俳優の香川照之さんを起用してCMまで打っているのは、象徴的な「発信重視」の例と言えるでしょう。外に打ち出すと同時に、社内にも思想を広める考え方と言えます。丸井グループの場合、広報が関わっているウェブサイト（https://www.to-mare.com/）にて、社内外に発信を続けており、対話型組織を公言する青井社長もその実践として、書籍紹介なども行

いながら自分の考え方を提示し、問いかけています。

　当社ビービットでも、アフターデジタルの理論を一緒に構築している副社長に私がインタビューするというZoom生配信コンテンツがあり、そこで「UXインテリジェンスとは何なのか」を話しながら、それをテキストに起こしてブログ記事にしています。以前、ニコニコ動画で幹部クラスが飲みながら今のビジネスについて話すところを生配信し、大会議室で皆が参加しながら動画にコメントしていく、ということもやりました。ポッドキャスト、YouTube、Zoom生配信など、なるべく重過ぎない形で、クイックに頻度高く実施し、内容が良かったものを後から記事化すると、量と品質が保てるでしょう。

　経営からの一方的な発信ではなく、組織のメンバーが個々に思考し、議論する場も重要です。個人の思考が共有され議論され、そこに経営陣が参画するとよいでしょう。一度、PARCO（パルコ）さんに呼んでいただいて、アフターデジタルの話をさせていただいたことがあります。100人近くの社員が参加され、4〜6人用の机に新入社員もベテランも役員もごちゃまぜで参加され、私の講義の後に皆さんで「これからのPARCO」について議論されていました。

　皆で決めることを「是」としているわけではありません。特に世界観やビジネスモデルでは、納得できるものを大人数でブレインストーミングして決めようとすると陳腐なものになりがちです。「重要なことはみんなで決めよう」というわけではなく、UX企画や運用において、それぞれが有機的に解釈して動きながらも、ユーザーから見た対応・ブランド・価値をそろえるには、常日頃議論し、共有していることが重要なのです。

サービサー化に取り組むDXの進み方
サントリーの事例から

　サントリーでは、2020年４月からの全社取り組みとしてDX推進組織ができました。日経新聞のニュースには、「大量生産大量消費を前提にした20世紀型の事業モデルは限界が見えつつある中で、DXを急ピッチで進めており、人材登用にも力を入れている」と書かれており、実際に実情をお聞きすると、様々な企業で起こりがちな「形だけのDX」とは一味違い、社内でのDXの目指す方向をそろえつつ、既にバリュージャーニーへの取り組みを開始されていることがよく分かります。

　社長、幹部、現場のDX推進メンバーは、DXを「顧客に新しい価値を提供するもの」と捉えていますし、これまでのデジタルマーケティングの知見、経験から、飲料メーカーでありながら「顧客の状況理解」「体験提供型ビジネスへの移行」に既に取り組み、次につながる結果を残しています。

　ニュースの中では、2020年７月から企業内に設置した自動販売機とスマホアプリを組み合わせ、健康経営に取り組む企業に対し、従業員の生活習慣改善などを提案する企業向け無料サービス「サントリープラス」を始めることが書かれています。

　内容を少し紹介します。導入した企業の従業員がサントリープラスのアプリを開くと、生活習慣に関する質問がなされ、その回答からリスクを判断し、リスクに応じた健康タスクがお薦めされます。選んだ健康タスクを実行し、日々生活することで習慣が改善され、結果的に、企業の医療費が軽減する仕組みになっています。なお、一定の確率で

健康飲料と交換できるクーポンがスマートフォンに届くので、これが飲料購買誘導となり、サントリーにとってのメリットとなります。

　サントリープラスには有料サービス版もあります。それは、管理栄養士が1食ごとの食事内容をコンサルティングするサービスで、既に多くの企業から問い合わせがあるそうです。

　無料サービスと有料サービスの両方から得られるデータを使うことで顧客理解の解像度をより高く持ち、商品やサービスの開発に生かすことまでが計画されています。多面的に生かせるバリュージャーニー型ビジネスへの挑戦と言えましょう。サントリーがこのような全社DXを推進できた背景には、サントリープラス以前から取り組んでいた「グリーンプラス」の存在があります。

　グリーンプラスとは、健康促進型の自動販売機連動アプリです。専用自動販売機で飲料を買えば買うほどポイントがたまり、一定量がたまると飲み物がタダで購入できます。これだけではただの自動販売機連動のお得なアプリですが、ポイントは健康支援機能にあります。普通の飲み物では1ポイントしかたまらないのですが、「トクホ商品（黒烏龍茶や特茶など）」だと5ポイントたまり、さらに週の目標歩数（男性：6万4,400歩、女性：5万8,100歩）を達成すると5ポイントもらえる機能が備わっています。

　当初このサービスを始めたとき、トクホという商品があることを生かして差異化するために付けているようなもので、基本的には「お得になるポイントアプリ」程度の認識でした。しかし、思ったよりも定常的に利用しているユーザーがいることからリサーチしてみると、特

定のユーザーにとっては「お得なアプリ」以上の役割があることが分かりました。

　「やせよう」「健康に気を付けよう」という行動はなかなか習慣化しません。こうした行動の中には、「飲み物を買うときにトクホ商品を買う」という行動も含まれますが、結果として三日坊主になりがちです。しかし、グリーンプラスを使うことが習慣化したユーザーは、「目標歩数を達成したときに5ポイントもらえること」が習慣化のトリガーになっていました。

　利用者にヒアリングをしてみると、目標達成をアプリが褒めてくれているように感じられ、それが小さな喜びとなって、「せっかくたくさん歩いてポイントがもらえたし、どうせなら飲み物も水じゃなくて特茶にしておこう」「ポイントがたまってきたし、歩数ももうすぐ目標達成だから、今日はちょっと余分に歩いてみよう」という形で健康行動を続けることの励みになり、結果として三日坊主にならずに済んだというのです。

　「健康行動が三日坊主で終わってしまう」状況に対して、「お得だから続ける」のではなく、「小さな喜びの蓄積によって励まされる」ことで健康行動を進んで続けられるようになる。そういう価値を、商品、自動販売機、デジタル体験を融合させることで提供できたわけです。

　この発見によって、獲得すべきユーザーやサービスの方向性などを変える契機になりました。例えばトクホ商品は、これまで「脂っこいものを食べるときに飲み、健康効果とともに罪悪感を洗い流す」という宣伝をしていました。これは、誰しもラーメンやポテトチップスを

食べることがあり、関係する「人数」で見れば「マス」に向けた施策です。

　しかし、実際にトクホ商品の売上データを見てみると、「毎日飲んでいる健康志向ユーザー」が占める割合が高いことが分かります。「食事で罪悪感を抱く」人は多いかもしれませんが、発生頻度は低くなります。一方で「毎日トクホを飲んで歩く」ことが習慣化している人は、1人で1カ月30本飲むわけです。

　こうなると、ターゲットユーザー（状況）は変わってきますし、メッセージも「洗い流す」「お得」ではなくなってきます。歩数目標達成の時にポイントがもらえることがオンボーディングのきっかけとして重要なので、アプリ利用者にいかにその達成を大きな出来事としてユーザーに伝えるか（例えば、通知を出す、通知のメッセージを工夫する、1回目だけ20ポイントあげる、など）を考えるようになります。

　実際、グリーンプラスを導入した自動販売機は、導入していないものと比べて大きく売上が上がることが分かりました。自販機への機器導入、および、ポイント還元分のコストもあるので「成功」とまでは言えないまでも、デジタルで顧客を捉える方法やグロースのさせ方を学ぶことができ、デジタルの活用でチャンスの兆しを見つけることができました。グリーンプラスで提供できるビジネス上の可能性と限界の両方が見えたからこそ、グリーンプラスの進化版ソリューションとして、サントリープラスへの拡張（「個人を自販機で健康にする」から「企業の健康経営を多角的にサポートする」へ）と、全社DXとしての注力につながったと考えているそうです。

　サントリーの事例は、既にあったサービスの成功要因を状況ベースで捉え直し、それを全社に展開したケースです。「状況を捉えるとはどういうことか」が分かりやすくまとまっている好例と言えるでしょう。なお、この事例の組織的意義は大きく２点あります。

（1）デジタルサービス起点で顧客理解とビジネスの可能性が見えたことで、全社でサービスに取り組むという活動につながった。

（2）顧客を状況レベルで理解することで、打ち手が大きく変わり、成果を生み出す可能があることに組織として発見できた。

　（1）については、前述のメルカリと同様、メルカリ教室という成功事例とノウハウがあったからこそ様々なオフライン連携に乗り出すことができた、という流れと非常に近いと考えます。

大義とビジネスモデルによる社内説得

　「メーカーからサービサーになる実践をしようと思うが、なかなか社内を説得できない」という声をいただきます。大企業に勤める方の悩みで多いのは、「それがいくらになるのか」「やる意味のあるビジネスなのか」「どのようなビジネス貢献になるのか」という反論に立ち向かえないことです。特に「サービサー化」を目指す場合は、「自分たちのやることなのか」という疑問を抱かれやすいため、反対が大きくなります。

　製品販売型から体験提供型になってバリュージャーニーを作るべきという説明を本気で組みに行き、根回しも含めて時間をかけないと、

なかなか通せず、動き出しません。根回しのような会社の政治的活動は各社状況が異なるのでここでは語りませんが、以下のようなケースは少なくないと思います。

- 本気で説明ロジックを組んでいない。
- やったことのない新しい活動なので説明ロジックの組み方が分からない。
- どの方向に進むか予測不能なので書きにくい。

　では、ここから、社内説得の方法について説明します。ここでは、「DXは必要であり、DXの活動とは何のことを示しているのか」に関してある程度共有の絵があることを前提とします。アフターデジタルという社会変化の中で、自社においても変化する競争原理に対応すべきであること、加えて、DXとはシステムやオペレーションをデジタル化して効率化、コスト削減を行うことが主目的なのではなく、ユーザー・顧客との新しい関係の構築と、それに伴う新しいUXの提供が主目的であること、これらの認識をそろえることが先決です。

　これがクリアできているのであれば、**バリュージャーニー型のビジネスを行うための説得として、(1) ビジネスモデル・会計モデルの変化、(2) 会社にとっての活動の意味合い（大義設定）という2つを説明する必要があります。**

　(1) ビジネスモデル・会計モデルの変化を伝える場合、大きく2つの方向があります。バリュージャーニーを作って運用するという活動は、コア事業を助ける役割になるのか、単体でのスケールを狙っていくのか、という話です。前者は、新たに顧客と関係を作っていく仕組

み作りであり、それ単体では儲からないが、高LTV・高ロイヤルティーの顧客を作っていくモデルを構築することを目的としています。

　これは平安保険と同様のモデルであり、例えば医療や健康のアプリを使うことによってユーザーの生活がより良くなり、そのアプリを利用することで、その人の状況が可視化されて最適なタイミングに営業ができたり、販売はせずに生活を支援することでエンゲージメントが高まったり、といった形で、従来と同様に商品を作って販売する機能は引き続き存在させながら、一方でLTVを高めていく構造を作っていきます。

　このモデル構築が実現できたら、ユーザーをそちらのモデルに流していき、なるべく多くのユーザーを高LTV・高ロイヤルティーに転換していきます。これが「コア事業を助ける役割」です。

　後者の「単体でのスケール」はかなり茨の道です。重要なのは、これまでの製品販売型ロジックから出てくる、「いくらになるのか」という会話にはどうやっても真っ向から答えられない、ということを受け入れることです。

　製品販売型のビジネスでは、当たり前ですがモノを作って売ることで生まれた差分（利益）を重ねて儲けを増やしていくため、単月や単年での損益を追うのが基本ロジックです。仮に購入後まったく利用されなかったとしても、「何個売れたのか」で評価されるため、販売後のことを気にする必要はありません。

　しかし、サービスモデルはそうではありません。ユーザーがアク

ティブにサービスを使い続けてくれていることが重要です。仮にサブスクリプションであれば、加入後に解約されない期間が長いことが重要ですし、モバイルゲームのように都度課金される形式であれば、そのゲームを辞めずにずっとプレイしているかどうか、または特定のハードルをクリアするほどハマっているのか、が重要になります。つまり、期間の損益よりもユニットエコノミクス（顧客1件当たりの経済性）を見ながら投資判断が行われるわけです。

　製品販売型ロジックとユニットエコノミクスの違いは、**図表5-1**のように、「期間で見る」のか、「ユーザー1人当たりのLTV」で見るのか、に明確な違いがあります。しかもユニットエコノミクスでビジネスを評価する場合、獲得コストの1倍以上の売上を18カ月以内に確保できると健全な状態と言われているため、成長するためには先行資金が必要になります。スタートアップが資金を集めて大きくしていくのと同様です。

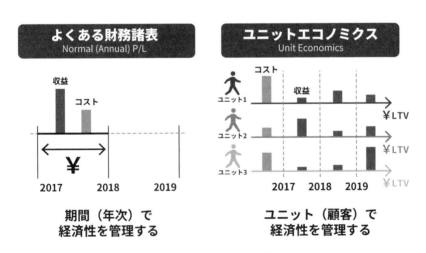

図表5-1　製品販売型ロジックとユニットエコノミクス

STEP 1	STEP 2	STEP 3
バリュージャーニー型の 新規サービス開発	新規ビジネスを回すため 組織体制のSaaSモデル化	既存ビジネスも含めて バリュージャーニー型へ
・状況思考でのサービスのローンチ 　がまずは重要	・運営する組織のマインドセットが 　「サービス提供者」になり、組織化 　も進む ・儲けの仕組み、経営管理指標も変わる	・既存店舗の位置づけの見直しにも 　着手していく

図表5-2　バリュージャーニー型への3つのステップ

　バリュージャーニー型のビジネスを作っていく場合、評価方法もお金の儲け方も先行投資の考え方も「製品販売型」と大きく異なるため、これらを踏まえて説明する必要があります。前者と後者は、組み合わせられた方がロジックとして強くなるので、サービス単体でスケールさせながら、既存事業にも貢献してシナジーを生んでいく役割を持つ、という形に見せられるとより良いでしょう（**図表5-2**）。

　さらにこれが実現できた場合、アリババやクリスプ・サラダワークスの事例で見てきたように、自社が行う管理システムをtoB向けのソリューションとして販売することも可能になりますし、ユーザー数が圧倒的に増えた場合にはメディア化し、広告や金融への派生も見えてきます。

　次に、（2）の「会社にとっての活動の意味合い（大義設定）」について説明します。こうしたサービスが単体で大成功する可能性は正直高くありません。しかし、バリュージャーニーを作るDX活動を「事業

として成功させる」というお題目が最優先になってしまうと、マネタイズなのか既存事業貢献なのかアクティブユーザー数なのか、成功の定義が難しくなり、かつ不確定性が高いため、十分な投資がされないことがほとんどです。どんな企業も、こうした活動を実践して失敗し、ノウハウがたまり、人材が育ち、どんどんと成功確度を高めていくわけですが、この失敗を恐れて慎重になり過ぎる結果、活動が展開されず、ひたすら時間がかかってしまいます。

　DXの目的は「新しいUXの提供」であり、その実現と成功に対しては、「単発の事業がビジネス的に成功する」ことよりも、「組織としてバリュージャーニーの企画運用ができるようになる」ことのほうがよほど重要です。仮に失敗しても、「初めからこういう形でデータを取得しておくべきだった」「コンテンツを作る人材が圧倒的に足りなかった」「他部署の巻き込みが不十分で、連携に時間がかかり過ぎた」といった様々な知見がたまり、それを経験したメンバーが強いDXメンバーになり、そこから得られた経験からチャンスが見いだされ、サントリーのように全社活動になっていきます。

　DX実現のために、「組織ケイパビリティと知見を獲得するための活動」が必要であることは理解されやすいため、この大義を掲げてなるべく早く実現に動きながら、単なるお題目でなく本気でケイパビリティの獲得と組織化に集中できると、結果近道になります。

5-4　第5章のまとめ

　日本のDX、OMOも既に待ったなしの状況にある中、先進的な取り組みも多数見られ始めています。アフターデジタルに対応するDX実践者との議論や、彼らの経験談から、あらゆる推進者に共通して起こりがちな落とし穴や必要なプロセスを、事例とともにピックアップしてきました。そこには、社内説得、ケイパビリティ調達、という大きく2つの壁がありました。

（1）社内の意識変革や説得を通して、どのように会社全体で話を通りやすくするのか。
【地盤固め】DXの必要性と目的の認識をそろえる。
【目指す絵の確認】事業そのものだけでなく、ケイパビリティ取得や、高LTVモデルへの転換といった大義設定を行う。
【まずは経験する】失敗を恐れずなるべく早く開始してラーニングし、より具体的な成功への道筋を示すことで社内全体を巻き込む。

（2）ケイパビリティをいかに調達するのか。
【対話型組織】上からの情報共有が十分行われ、かつ下も上も横も一緒に対話と議論ができる組織を作り、自ら価値を考えて動ける文化を作る。
【オンオフの補完関係】オンラインとオフライン、双方のプレイヤーにおいてケイパビリティを補完したいと考えているため、「目指す世界が近い企業」と補い合うべし。

ビジネスであり変革であるため、先に取り組んだ方々から落とし穴やノウハウを学ぶことは重要ですが、「これが絶対に正しい」というやり方はありません。同じやり方をまねてもうまくいかないことばかりだと思いますが、こうした事例や考え方を参考にしながら、読者の会社にてDXがたくさん生まれていくことを切に願います。

待ったなしの変革に向けて

　本書を執筆した2020年3月中旬から5月末にかけて、日本だけでなく世界は新型コロナウイルスとの戦いの真っただ中にいて、「アフターコロナ」という新たな時代を表す言葉が使われ始めました。本書を執筆しながらも、世界が大きな転機を迎えていることが感じられ、その影響は本書の原稿にも及んでいることに気付きました。読み直して見ると、当初イメージしていたものと、何か明らかな変化を感じます。

　それを言葉に表すと、「結局、変えていくのは自分たち。なら、自ら参画しよう」というメッセージなのではないかと思っています。当初は、ここまではっきりとは描いていませんでしたが、改めて読み直すと、そうしたメッセージが色濃く出ているように思います。

　本書は2019年3月に発行した『アフターデジタル　オフラインのない時代に生き残る』の第2弾に当たります。くしくも、「オンライン前提社会」に無理やりシフトさせられ、「アフターデジタル」と「アフターコロナ」という言葉には、意味的にも言葉としても共通項があることから、いろいろな方から「アフターデジタルとアフターコロナのつながりは？」「これから世界はどうなるの？」と問われるようになりましたが、その都度「それは僕たちが何をするかにかかっているよな」と思っていました。

　コロナ禍によって日本の景色は様変わりしつつあります。ビデオ会議サービス「Zoom」やデリバリーフードサービス「UberEats」「出前館」などがこれまで以上に使われましたが、これらはすべて海外のサービ

スです。「どんな変化が起こるのか」ではなく、「自分たちがどのような変化を起こすのか」が問われています。

　そんな思いを抱きながら書いたこの本は、マインドセットや組織コミュニケーションなど、内面的な変化の話が多くなったように思います。新型コロナウイルスで社会課題が噴出する中、医療系サービス、東京都のシビックテック、新しいフードデリバリーなど、日本においても志を持った方々による動きがたくさん見られました。そういう「自分たちがより良い社会にするんだ」という意思のある方々と一緒に「デジタル融合・オンライン前提」社会をより良く進化させていきたいと強く思っています。

UX（ユーザーエクスペリエンス）の可能性

　本書では全編を通して、「UX（ユーザーエクスペリエンス）」という言葉を使い続けました。

　中国から日本に帰ってくると、一つひとつのサービスの使い勝手の悪さが目立ち、「これくらい乗り越えてくれるよね」という作り手側の怠慢を感じるシーンにとても多く出くわします。

　中国では「良質なUXはビジネスにおいて必須かつ超重要」と考えられており、プロセスの1ステップを削ることに全力を費やします。UXはビジネスに直結し、UXで負けてしまっては競争に勝てないことが分かっているからです。ビジネスモデルや接客品質が最高でも、UXが悪ければすべてが壊れるからです。スティーブ・ジョブズが一つひとつの挙動やデザインに口を出したのは、UXがすべてを左右す

ると分かっていたからでしょう。

　しかし、「UXはビジネスの本質に関わっている」ということは、日本ではなかなか伝わりません。モノからコトへとか、体験型消費とか、いろいろな言葉は使われますが、UXは、UIと並列する言葉から抜けきれず、その重要性に目を向けてもらえない状況が続いています。

　なので本書では、UXに関しては言葉を少し強めに書きました。「DXの目的は新しいUXの提供」「アフターデジタルはUXとテクノロジーがけん引する社会」などです。また、「データがお金になるというのは幻想だよ」という明確なスタンスを取りました。UXに還元して使わないとデータはほぼ使えないし、ましてや「過去のデータを持っていてもほとんどリスクとコストにしかならない」。ユーザーに起きていることを理解し、UXをより良くするから、人はそのサービスが好きになり、使い続けてくれるのです。強い言い方かもしれませんが、すべて本気で伝えようとしていることです。

　アフターデジタルとは「UXの視点から社会変化を見直す」という、なかなかやらない試みであり、そこまで人に受け入れられるものでもないのではと思っていたのですが、なんと賛同してくださる経営者や変革推進者がだんだん増えてきています。「良いUXを人々に届けることは当たり前で、それを追求しない会社は潰れていく」と皆が思っている社会って、結構すごいですよね。

　UXで全部が語れるとはまったく思っていませんが、UXが正しく評価されないと、永遠にDXに閉塞感があるままだろうと思います。この本が、同じような挑戦をする人たちの間で読まれ、共有され、UX

企画が当たり前に語られ、当たり前の業務になる日が来るとよいなと
思っています。

最後に

　本書を作成するに当たって、今回も様々な方に支えていただきまし
た。前作に引き続き、こちらの無理な企画や要望に快く応えてくだ
さった、日経BPの岡部一詩さん、松山貴之さん、西正良子さん。い
つもネタを持ち寄り、議論させていただくことで新たな思索が生まれ
る、前作共著者の尾原和啓さん。

　事例やインタビューを掲載させていただいた丸井グループの青井浩
社長、サントリーコミュニケーションズの室元隆志役員、ほか、皆様
からいただいた濃厚な時間を本書に落とし込んだことで、日本企業が
なすべきことの指針がクリアになりました。感謝いたします。

　また、「アフターデジタル」という言葉の開発者であり、前著に続
き本作も一緒に作ってくださったビービット中島克彦副社長をはじ
め、ビービットのメンバーがより良い社会を目指して良質なUXを作
り、お客様を支援するなど頑張ってくれている結果が、著作に反映さ
れています。いつもありがとうございます。

　書籍に関する裏話、さらなる更新、様々な活動は、私、ビービット
藤井保文のTwitter（@numeroFujii）にて発信しています。ご興味があ
る方は、ぜひフォローしてください。

　UXインテリジェンスの精神に関しては、別途以下URLでパワーポ

イント詳述版を用意しています。こちらも、ご興味ある方はご覧ください。

https://www.bebit.co.jp/news/article/ad2-download

また本文中にもありましたが、アフターデジタルに関する動画コンテンツも今後配信していきます。以下のURLで、チャンネル登録していただけましたら幸いです。

https://bit.ly/AFTERDIGITAL_2_Movies

読了いただきありがとうございました。
引き続きより良いアフターデジタル社会を目指して。

2020年7月
株式会社ビービット　藤井保文

著者プロフィール

藤井 保文（ふじい　やすふみ）

株式会社ビービット 東アジア営業責任者

1984年生まれ。東京大学大学院 情報学環・学際情報学府 修士課程修了。2011年ビービットにコンサルタントとして入社。2014年に台北支社、2017年から上海支社に勤務し、現在は現地の日系クライアントに対し、UX志向のデジタルトランスフォーメーションを支援する「エクスペリエンス・デザイン・コンサルティング」を行っている。2018年8月には『平安保険グループの衝撃―顧客志向NPS経営のベストプラクティス』（きんざい）を監修・出版。2018年9月からはニューズピックスにおいて、中国ビジネスに関するプロピッカーを務める。2019年3月に上梓した『アフターデジタル　オフラインのない時代に生き残る』（日経BP）が大ヒット。

アフターデジタル2　UXと自由

2020年7月29日　第1版第1刷発行

著　　　者	藤井 保文（株式会社ビービット）	
発　行　者	吉田 琢也	
発　　　行	日経BP	
発　　　売	日経BPマーケティング	
	〒105-8308 東京都港区虎ノ門4-3-12	
装　　　丁	松上素子（株式会社ビービット）	
制　　　作	マップス	
編　　　集	松山 貴之	
印刷・製本	大日本印刷	